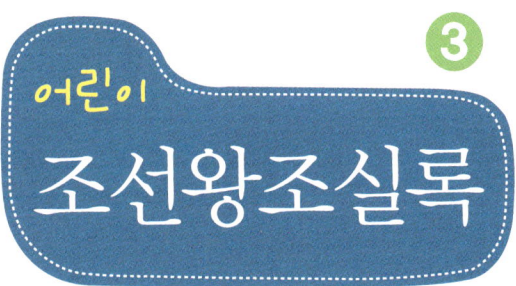

어린이 조선왕조실록 ③

어린이 조선왕조실록 편찬위원회 글 | 전병준 그림
한국역사연구회 추천 및 감수

주니어김영사

《어린이 조선왕조실록》을 읽는 어린이들에게

자랑스러운 민족 문화를 깨닫는 첫걸음

 우리가 조상들의 삶을 알 수 있는 것은 우리에게 남아 있는 유물과 유적을 보고서 가능하지요. 그 중에서도 글로 남아 있는 책은 정말 소중한 역사 유물입니다.

우리나라 역사에 관심을 갖게 되면, 조상들이 훌륭한 민족 문화를 지켜 온 것에 대해 저절로 자랑스러운 마음이 생기고 뿌듯해진답니다. 만일 조상이 잘못한 점을 발견하게 되더라도, 우리는 다시 그런 잘못을 되풀이하지 않도록 조심하면 됩니다.

이러한 점에서 이번에 새롭게 엮은《어린이 조선왕조실록》은 어린이들이 우리 역사에 관심을 가질 수 있도록 알기 쉽게 꾸몄어요.《어린이 조선왕조실록》은 조선 27대에 걸친 왕들이 나라를 다스릴 때에 일어났던 일을 중심으로 엮은 거예요.

《어린이 조선왕조실록》을 통해서 조선 시대 사람들이 어떻게 살았고, 무슨 생각을 했는가를 알게 될 거예요. 그것이 바로 우리의 자랑스러운 민족 문화를 깨닫는 첫걸음입니다. 아울러 우리의 역사를 이해하면서 우리의 마음과 눈은 좀 더 넓어지고 깊어질 겁니다.

어린이 조선왕조실록 편찬위원회

인물의 삶으로 읽는 역사의 큰 흐름

　우리는 현재를 살고 있으며, 마땅히 현재에 충실한 삶을 가꿔야 합니다. 그런데 현재는 홀로 존재하는 것이 아니라, 과거와 떼려야 뗄 수 없는 밀접한 관계입니다. 따라서 과거, 즉 역사를 알아야 비로소 현재를 온전하게 살아갈 수 있어요. 그런데 역사를 따분하고 어렵게 생각하는 어린이들이 많아서 우리나라 역사에 대해 제대로 알지 못하는 어린이들이 많아요.

　이번에 주니어김영사에서 출간한 '처음 읽는 우리 역사' 시리즈는 주요 역사서를 기본 토대로 인물 중심으로 역사를 구성했어요. 인물을 중심으로 한 구성은 인물의 삶에 동화되어 역사의 흐름을 실감나게 느끼도록 해 주지요. 게다가 인물의 삶에 드러난 역사의 흐름을 조목조목 짚어 주어, 어린이들도 쉽게 역사적인 사실을 알 수 있습니다.

　어린이들이 이 시리즈를 통해 역사에 더욱 가까이 다가가고, 그로 인해 모든 사람들의 노력이 결실을 맺으리라 믿습니다.

한국역사연구회

어린이 조선왕조실록 3

- 조선왕조실록에 대하여　8

제11대　반정으로 왕이 된 **중종**
- 연산군을 폐위시키다　10
- 기묘사화가 일어나다　14
- 3포왜란이 일어나다　20
- 조선 최초의 서원을 세우다　24

제12대　효성이 지극했던 **인종**
- 효성이 지극하다　26
- 조광조의 관직과 작위를 회복시키다　28

제13대　어머니 때문에 기를 펼 수 없었던 **명종**
- 을사사화가 일어나다　30
- 승려 보우, 문정 왕후의 신임을 받다　36
- 이황과 이이, 성리학을 더욱 발전시키다　38
- 도둑 임꺽정이 잡히다　44

| 제14대 | 전쟁 속에서 위험을 겪었던 **선조** |

선조가 왕위에 오르다 _50
일본, 조선을 쳐들어올 준비를 하다 _54
서로 다른 눈으로 일본을 보다 _56
임진왜란이 일어나다 _60
이순신, 바다를 지키다 _68

권율, 행주산성에서 승리하다 _78
의병들이 임진왜란을 승리로 이끌다 _82
전쟁이 세 나라에 큰 영향을 미치다 _90

| 제15대 | 중립 외교를 펼친 **광해군** |

임진왜란 때 뛰어난 능력을 나타내다 _94
중립 외교를 펼치다 _97
당쟁의 소용돌이에 휘말리다 _102
허준,《동의보감》을 완성하다 _105

• 역사 옹달샘 **조선 시대의 유적**

성곽과 성문 _110
경복궁 _112
창덕궁 _115
종묘 _116
수원 화성 _117
청계천 _118

조선왕조실록에 대하여

하나, 《조선왕조실록》은 어떤 책인가요?
둘, 《조선왕조실록》은 어떻게 만들어졌나요?
셋, 《조선왕조실록》은 어떻게 보관했나요?
넷, 《조선왕조실록》은 어디에서 보관했나요?
다섯, 지금은 《조선왕조실록》이 어디에 있나요?

셋, 《조선왕조실록》은 어떻게 보관했나요?

사관들은 실록을 꼼꼼히 기록했을 뿐만 아니라 보관도 아주 철저하게 했어요. 책을 오랫동안 보존하기 위해서는 습기와 곰팡이, 벌레를 조심해야 하는데, 이를 피하기 위해 바람과 햇볕에 말리는 방법을 썼지요. 이것을 '포쇄'라고 불렀어요.

포쇄는 보통 3년에 1번씩 했는데, 주로 봄이나 가을철에 날씨가 맑은 날을 골라서 했어요.

포쇄할 날짜에 맞춰 왕의 명령을 받고 파견된 사관(이들을 포쇄관이라고 함)은 사고에 내려가 실록이 보관된 실록각 앞에서 절을 2번 하고는 실록각 문을 열었어요. 이 문을 열 수 있는 사람은 왕의 명령을 받고 파견된 사관만이 가능했어요.

그리고 나서 궤(물건을 넣도록 직사각형으로 만든 그릇)에서 실록을 꺼내 포쇄를 했어요. 포쇄는 보통 3일 동안 이루어지는데, 햇볕과 바람을 실록이 맞고 있는 동안 포쇄관은 그 옆에서 안전하게 실록을 지켰어요. 그렇게 3일이 지나면 실록을 다시 궤에 넣었어요. 그리고 포쇄에 관한 내용을 《실록형지안》이라는 책에 써 넣었는데,

누가 담당 했는지, 언제 했는지 등을 기록했어요.

《실록형지안》에는 포쇄에 관한 내용이 제일 많았어요.

그 외에 관리와 점검에 대해서도 꼼꼼하게 기록해 놓았어요. 각 사고의 궤에 보관된 책의 종류와 숫자, 지방 사고에 파견된 사관과 담당자의 이름 등도 써 있어요. 또 사고의 문을 연 날짜도 써 있는데, 사고를 열어야 할 때는 그 이유와 함께 실록의 보관 상태도 모두 기록했어요. 또 실록각을 고칠 경우에는 누가, 언제, 왜, 어떻게 진행했는지 등 모든 내용을 기록했어요.

《실록형지안》에는 실록뿐만 아니라 의궤, 역사서, 지리지, 의례지 등 다른 책의 보관 상태도 기록되어 있답니다.

제11대
반정으로 왕이 된 중종

중종은 조광조 등 사림의 선비들을 등용하여
정치를 잘 할 수 있도록 적극적으로 밀어 주었습니다.
● 재위 기간(1506~1544)

🌱 연산군을 폐위시키다

　성종의 친형이며 연산군의 큰아버지인 월산 대군의 부인은 예쁘기로 소문이 자자했습니다. 그런데 월산 대군이 죽은 후, 연산군은 술에 취해 큰어머니인 박씨 부인을 욕보였습니다. 치욕스러운 일을 당한 박씨 부인은 분하고 원통한 마음을 이기지 못하여 결국 스스로 목숨을 끊었습니다.

　박씨 부인의 동생인 도총관 박원종도 이 사실을 알게 되었습니다. 박원종은 치밀하게 반정(바르지 못한 왕을 몰아 내고 새 왕을 세우는 일) 계획을 세우고 여러 동지들을 모았습니다.

"우리 누님은 연산군 때문에 원통하게 돌아가셨소. 그러나 내가 연산군을 폐하고 진성 대군을 왕으로 세우려고 하는 것은 그것 때문만은 아니오. 이 나라의 앞날을 위해서 더 이상 연산군의 횡포를 두고 봐서는 안 될 것이오."

박원종은 은밀히 영의정과 좌의정, 우의정에게 반정 계획을 알렸습니다. 영의정 유순과 우의정 김수동은 좋다고 했습니다. 하지만 좌의정 신수근만은 왕을 함부로 폐위할 수 없다며 반대했습니다. 좌의정 신수근은 연산군의 처남이며, 이번 반정으로 왕위에 오를 진성 대군의 장인이었습니다.

"좌의정이 찬성하지 않는다 하니 잘못하면 일이 밖으로 새어 나갈 염려가 있소. 서둘러야겠소."

박원종은 뜻을 같이한 유순정, 성희안 등과 급히 반정을 일으킬 날을 정했습니다. 그리고 밤을 틈타 훈련원(병사들이 무술을 닦고 공부를 하던 관청)에 모였습니다. 박원종 일행은 장수와 병졸들을 거느리고 창덕궁 안에 진을 쳤습니다. 영의정 유순과 우의정 김수동도 박원종 일행을 도왔습니다. 먼저 장수들이 궁문을 부수고 들어가 연산군을 가두고, 연산군의 총애를 받던 사람들을 모두 죽였습니다. 그리고 감옥 문을 열어 죄 없는 사람들을 모두 놓아주었습니다.

다음 날 아침, 박원종은 신하들과 함께 경복궁에 들어가 자순 대비(성종의 제2계비인 정현 왕후, 즉 중종의 어머니)에게 아뢰었습니다.

"나라를 구하고자 반정을 일으켰습니다. 백성들의 마음은 이미 포악한 왕을 떠나 진성 대군에게로 향하고 있습니다."

자순 대비는 천천히 입을 열었습니다.

"진성이 어찌 이런 무거운 책임을 감당할 수 있겠소. 지금 세자가 다 자랐고 성품이 어지니, 경 등은 세자를 받들고 잘 보필하여 나라를 편안히 하시오."

이에 영의정 유순은 다시 간곡히 아뢰었습니다.

"여러 신하들이 모두 진성 대군이 왕위에 오르기를 바라고 있습니다. 뜻이 이미 정해졌으니 바꾸기 어렵습니다."

자순 대비를 만난 영의정과 몇몇 대신들은 곧장 진성 대군의 집으로 가 진성 대군을 모셨고, 진성 대군은 연(왕이 행차할

때 타던 가마)을 타고 궁궐로 왔습니다. 이렇게 하여 진성 대군은 19세의 나이에 왕위에 올랐습니다.

폐위된 연산군은 강화도 교동으로 보내졌습니다. 폐왕비 신씨는 정청궁으로 내몰렸으며, 폐세자와 그 밑에 아들들은 모두 귀양을 보냈습니다.

연산군은 그 해에 병들어 죽었습니다. 연산군의 장례는 왕이 아니라 왕자의 예로 치러졌습니다.

기묘사화가 일어나다

중종은 왕위에 오르자마자 연산군이 유흥 장소로 바꾼 성균관을 고쳐 짓고 무오사화와 갑자사화 때 희생된 사람들의 억울함을 풀어 주었습니다. 그리고 신념이 깨끗하고 나라를 위해 열심히 일할 사람을 뽑았는데, 바로 조광조였습니다.

조광조는 백성들을 위해 향촌에 향약을 보급하고, 학문과 인격을 모두 갖춘 사람을 고르기 위해 현량과를 실시했습니다. 그 결과 지방의 많은 사림(조선 중기에 사회와 정치를 주도한 세력)들도 정치에 참여할 수 있게 되었습니다.

중종은 사림의 선비들이 정치를 잘 할 수 있도록 적극적으로 밀어 주었습니다. 사림의 선비들은 오랫동안 성리학(중국의 주희에 의해 완성되었는데, 우리 나라에는 고려 말에 들어와 조선 시대에 성행했고, 주자학이라고도 함)을 공부해 왔습니다.

사림들은 자신들에게 벼슬길을 열어 주고 신임해 준 중종에게 감사하며 충성을 다해 따르는 한편, 자신들이 생각하는 이상적인 정치를 펴 보려 했습니다. 사림들이 생각하는 이상 정치는 유교의 도덕 이념을 바탕으로 한 도학 정치였습니다.

그러나 사림들의 세력이 커지자 중종반정의 공신들은 자신들의 권력이 줄어들까 봐 걱정이 되었습니다.

이런 상황에서 중종 14년(1519)에 조광조를 중심으로 한 사림 세력은 중종에게 중종반정에서 공도 없이 공신이 된 사람들의 공로를 없애 달라고 간청했습니다.

그러자 공신들은 다급해진 마음에 유언비어를 퍼뜨렸습니

다. 왕의 총애를 받고 있는 조광조가 나랏일을 제멋대로 하고 장차 모반(왕을 배반하여 군사를 일으킴)을 일으키려 한다는 것이었습니다. 그리고 민심이 왕보다 조광조를 따른다는 말도 퍼뜨렸습니다.

또한 평소 조광조에게 유감이 많았던 남곤은 나뭇잎에 꿀로 '주초위왕(走肖爲王)'이라는 글씨를 쓴 뒤 벌레들이 갉아먹게 하여 자연적으로 일어난 일처럼 꾸몄습니다. 주(走)자와 초(肖)자를 합하면 조(趙)자가 되는데, 이는 곧 성이 조씨인 자가 왕이 된다는 말이었습니다. 남곤은 벌레 먹은 잎을 물에 띄워 대궐 안의 도랑으로 흘려보냈습니다. 이 나뭇잎은 신하들에게 발견되어 중종이 보게 되었습니다.

중종은 매우 놀랐습니다.

유언비어가 나돌고 이런 일까지 발생하자 중종의 마음도 흔들렸습니다. 게다가 민심이 조광조에게 돌아갔다니 여간 불안한 게 아니었습니다.

중종은 오랫동안 생각한 끝에 중종 14년(1519) 11월 15일 홍경주, 심정 등을 불러들여 조광조 일파를 모두 잡아들이게 했습니다. 그리하여 조광조, 김정, 기준, 한충, 김식, 김구 등이 잡혀왔습니다.

이 사실을 알게 된 정광필과 안당, 홍경주 등이 입궐하여 왕을 뵙기를 청하고 조광조 등을 용서해 주기를 간청했습니다.

"이들이 비록 왕의 신임이 두터운 것을 믿고 과격한 일을 했으나 옛 선인이나 군자들도 나라를 개혁하고자 할 때에는 과격한 방법을 사용하기도 했습니다. 이들의 죄를 지나

치게 물으신다면 언로(신하로서 왕에게 말을 올릴 수 있는 길)가 막히게 될 것입니다. 부디 용서해 주시옵소서."

대신들의 간청에도 불구하고 중종은 조광조 일파를 모두 옥에 넣고 귀양을 보냈습니다.

그러나 그 해 12월에 황계옥, 윤세정, 이래 등이 조광조를 죽여야 한다고 다시 상소를 올렸습니다. 이로 인해 상황은 더욱 악화되어 조광조는 귀양지에서 사약을 받았습니다.

조광조는 홍문관 장관인 부제학을 거쳐 대사헌을 지낸 문신이자 학자였습니다. 사림파의 중심 인물로 유교를 정치와 가르침의 중심으로 삼아야 한다는 도학 정치를 주장했고, 추천으로 관리를 뽑는 현령과를 만들어 젊고 유능한 학자들을 골라서 썼습니다. 조광조의 도학 정신은 뒷날 이황과 이이 등에게 영향을 주었습니다.

중종은 연산군의 잘못된 정치를 바로잡고 좋은 왕이 되고자 노력했지만 뜻을 이루지 못했습니다. 중종은 재위 39년, 57세의 나이로 세상을 떠났습니다.

3포왜란이 일어나다

세종 8년(1426), 일본 쓰시마 섬의 도주 소오가 무역을 하게 해 달라고 간청을 했습니다. 조선 조정에서는 왜인들이 조선에 마음대로 왔다 갔다 하면서 해안에서 사람을 잡아가고, 물건들을 빼앗아 가서 통제를 해 왔습니다.

조선의 조정에서는 이를 받아들여 세종 25년(1443)에 계해조약을 맺고 왕래를 허락했습니다.

계해조약은 3포, 즉 부산포, 제포, 염포를 다시 개방하여 왜인들과 무역을 하고 근해에서 고기를 잡도록 허락한 것입니다.

3포에는 각각 왜관이라는 곳을 두어 무역 또는 접대의 장소로 삼았습니다. 3포에는 왜인만이 들어올 수 있었으며, 무역과 고기 잡는 일이 끝나면 곧 돌아가도록 했습니다. 그러나 그 중에는 일본으로 돌아가지 않고 남아서 사는 자가 날로 늘어났습니다. 조정에서는 처음에 3포에 살 수 있는 왜인들의 숫자를 60명으로 제한했습니다. 그런데 세종 말년에 이르러서는 부산포에 약 350여 명, 제포에 약 1500여 명, 염포에 약

120여 명이나 되는 왜인이 머무르게 되었습니다.

 늘어 가는 왜인은 조정에서도 고민거리였습니다. 3포에 머무르는 왜인들은 점점 겁이 없어졌습니다. 차츰 조선 조정의 명령을 어기는 일도 생기고, 조선의 관리들과 충돌이 생기는 일도 간간이 있었습니다.

 조선 조정에서는 쓰시마 섬의 도주에게 왜인들을 일본으로 데려갈 것을 요구하는 한편 일본 선박에 대한 감시를 엄중히 했습니다. 그러자 3포에 머물고 있던 왜인들은 불평이 늘어 갔습니다. 그래서 5000여 명이나 되는 왜인들이 쓰시마 섬의 원조를 얻어 폭동을 일으켰습니다.

 이것이 중종 5년(1510)에 일어난 3포왜란입니다.

 "조선을 공격하여 우리 땅으로 만들자!"

 왜인들은 처음에는 제포와 부산포를 함락시키는 등 조선에 타격을 주었지만, 얼마 후 황형과 유담년을 중심으로 한 조선군의 반격을 받아 크게 패했습니다.

 3포왜란 후에 3포에 살던 왜인들은 모두 쫓겨났습니다. 그리고 조선과 일본 간에는 교류가 중단되었습니다.

　그로부터 2년 후인 중종 7년(1512), 일본의 아시카가 막부가 다시 두 나라가 교류할 것을 간청해 왔습니다. 이에 세종 때 맺은 계해조약의 내용을 새롭게 바꿔 임신조약을 맺고, 제포 항구 하나만을 개항하여 왜인의 왕래를 엄격하게 제한했습니다.

🦋 조선 최초의 서원을 세우다

경상북도 영주시 순흥면 내죽리에 있는 소수 서원은 우리나라 최초의 서원입니다. 소수 서원은 중종 38년(1543) 풍기 군수 주세붕이 고려 후기의 훌륭한 정치가이며 학자인 안향을 기리기 위해 세웠습니다. 그 뒤에 안축, 안보의 위패를 모셨고, 인조 11년(1633)에는 주세붕을 추가로 모셨습니다.

처음에 이 서원의 이름은 백운동 서원이었으나 명종 5년(1550)에 소수 서원으로 고쳤습니다. 풍기 군수로 있던 퇴계 이황은 조정에 건의하여 왕이 직접 소수 서원이라고 쓴 편액(방 안이나 문 위에 거는 가로로 된 긴 액자)과 《사서》, 《오경》, 《성리대전》 등을 하사받았습니다. 그 뒤부터 서원에는 왕으로부터 편액을 받는 관습이 생겼습니다.

뒷날 흥선 대원군이 서원을 대대적으로 정리한 적이 있었는데, 소수 서원은 이 때 남은 47개 중의 하나인데 지금도 옛 모습을 간직하고 있습니다.

소수 서원이 자리잡고 있는 곳은 원래 숙수사라는 큰 절이 있던 자리입니다. 서원의 건물은 동쪽으로 계곡을 끼고 남쪽을 바라보고 있는데, 정문을 들어서면 '백운동'이란 현판과 명종이 직접 쓴 '소수 서원'이란 편액이 걸린 강당이 보입니다. 그 뒤로는 학생들이 공부하는 곳인 직방재와 일신재가 있고, 동북쪽에는 학구재, 동쪽 모퉁이에는 지락재가 자리잡고 있습니다.

한편 서쪽에는 책을 보관하는 서고와 안향의 위패를 모셔 놓은 문성공묘가 있으며, 묘각 뒤의 영정각에는 회헌영정과 대성지성문선왕전좌도가 있습니다.

제12대 효성이 지극했던 인종

인종은 권력에 대한 욕심이 큰 문정 왕후 때문에 마음고생이 많았습니다. 결국 인종은 왕이 된 지 1년 만에 병에 걸려 죽었습니다.
● 재위 기간(1544~1545)

효성이 지극하다

인종은 중종 15년(1520)에 세자로 책봉되고, 중종 39년(1544)에 중종이 세상을 떠나자 뒤를 이어 조선 제12대 왕이 되었습니다.

인종이 세상에 태어난 지 7일 만에 어머니 장경 왕후가 세상을 떠나자 중종의 계비인 문정 왕후 윤씨가 인종을 돌봤습니다. 그런데 문정 왕후는 똑똑하기는 했지만, 권력에 대한 욕심이 커서 늘 인종의 마음을 아프게 했습니다.

문정 왕후는 중종의 세 번째 왕비이자 명종의 어머니로 후일 자신의 아들이 왕위에 오르자 수렴청정을 통해 권력을 행사했습니다. 또한 친정 세력을 끌어들여 제멋대로 나랏일을 간섭하려고 했습니다.

인종이 왕위에 오른 지 얼마 되지 않았을 때, 명나라에서 사신이 왔습니다. 인종은 경복궁에서 사신을 맞이했습니다. 그런데 중종이 지내던 곳에 이르자 인종은 갑자기 아버지 생각이 났는지 흐느꼈습니다.

"여기는 선왕께서 거처하시던 곳이 아니냐, 흐흑……."

갑자기 흐느끼는 인종을 이상하게 여긴 명나라 사신이 통역을 하는 관리인 역관에게 까닭을 물었습니다.

"호오, 하늘도 감동할 효자이시다!"

대답을 들은 명나라의 사신은 크게 감탄했습니다.

이렇게 효성이 지극한 인종은 신하와 백성을 아끼고 사랑했습니다. 인종은 올바른 말을 하는 신하들에게 높은 벼슬을 주었고, 백성들의 어려움을 자신의 어려움처럼 아파했습니다.

조광조의 관직과 작위를 회복시키다

그러던 중에 몸이 약했던 인종은 병을 얻게 되었습니다.

인종이 병석에 누워 있을 때였습니다. 인종은 갑자기 밤이 몹시 먹고 싶다고 했습니다. 그러나 그 때는 6월, 이른 여름이었습니다. 가을에 열리는 밤이 있을 리가 없었습니다.

신하들은 어찌할 바를 모르고 안타까워하고 있었습니다. 그런데 그 때 한 백성이 찾아와 한강 근처에 있는 밤나무에서 철도 아닌데 밤이 열렸다면서 밤을 따와 바쳤습니다. 사람들은 인종의 효성이 갸륵하여 그런 신기한 일이 생겼다고, 효성이 지극했던 인종을 칭찬했습니다.

그렇지만 왕의 병은 깊어만 갔습니다. 어느 날 밤, 인종은 목숨이 다했음을 깨닫고 신하들을 부르고 유언을 했습니다.

"병이 깊어 일어나기 힘들 것이오. 그러므로 경원 대군에게 왕위를 물려주겠소. 경들은 새 왕을 힘써 도와 주시오."

모인 신하들이 이 말을 듣고 모두 눈물을 흘렸습니다.

인종은 또한 중종에게 죽음을 당한 조광조의 관직과 작위를

　회복시켜 주라고 명령했습니다. 그러고 나서 힘들게 몸을 일으켜 앉아 종이를 펴 놓고 무엇인가를 쓰려고 했습니다. 그러나 곧 탄식했습니다.

　"마음 속에 있는 말을 글로 써서 경들에게 알리려고 했는데, 이제는 힘이 없어 글씨도 쓸 수가 없구려."

　그 말 한마디를 남기고, 인종은 왕이 된지 1년 만에 31세의 나이로 세상을 떠났습니다.

제13대
어머니 때문에 기를 펼 수 없었던 명종

명종은 하루에도 몇 차례씩 문정 왕후의 명령을 받아야 했습니다. 명종이 문정 왕후를 찾아가 앞뒤 사정을 얘기하면서 안 된다고 말해도, 문정 왕후는 자기의 분부를 듣지 않았다고 질책했습니다.
● 재위 기간(1545~1567)

을사사화가 일어나다

명종은 중종의 둘째 아들이며, 인종의 아우입니다. 어머니는 문정 왕후이며, 비는 인순 왕후입니다. 인종 1년(1545)에 경원 대군으로 책봉되었습니다. 12세에 왕의 자리에 올라서 조선 제13대 왕이 되었습니다.

명종은 성품이 어질었으나 어머니와 외가의 친척들의 간섭이 심해 올바로 나라를 다스리지 못했습니다. 그리하여 왕위에 오른 첫 해에 또다시 옥사(중대한 사건이 일어나 많은 사람을 체포하여 옥에 가두고 죄를 따지는 일)가 일어났습니다.

　중종의 두 번째 왕비인 장경 왕후의 오빠 윤임과 문정 왕후의 오빠 윤원형은 다 같은 파평 윤씨였습니다. 그러나 한 사람은 인종의 외삼촌이고, 또 한 사람은 명종의 외삼촌이었기 때문에 서로간의 세력 다툼이 심했습니다.

　그런데 인종이 일찍 죽어 명종이 왕위에 오르고, 문정 왕후가 수렴청정을 하게 되자 윤원형은 막강한 힘을 갖게 되었습니다.

윤원형은 정순붕, 이기, 임백령, 허자 등과 모여서 형조 판서 윤임, 좌의정 유관, 이조 판서 유인숙 등 인종을 후원하던 세력을 없애려 했습니다.

그래서 인종이 세상을 떠나자 윤임, 유관, 유인숙 등이 경원 대군을 버리고 계림군(성종의 셋째 아들)을 후계자로 세우려 했다고 헛된 소문을 퍼뜨렸습니다.

문정 왕후는 크게 화를 내며 명종과 여러 신하들과 함께 이 사건을 어떻게 처리할 것인지 의논했습니다. 신하들은 소문이 윤원형 일파가 저지른 일이라는 것을 알고 있었으나 워낙 윤원형의 세력이 큰 까닭에 아무 말도 못 했습니다. 오직 권벌과 이언적만이 나서서 윤임이 반역을 꾀했다는 것은 사실이 아니라고 말했습니다.

그러나 문정 왕후는 윤임, 유관, 유인숙 등을 멀리 귀양 보냈다가 사약을 내렸습니다. 이어서 계림군과 이휘, 나숙, 나식, 정희등, 박광우 등 10여 명이 사형을 당하거나 유배되었습니다. 명종 즉위년(1545)에 일어난 이 사건을 을사사화라고 합니다.

그러나 사화는 그것으로 끝나지 않았습니다. 2년 뒤인 명종 2년(1547) 양재역에 '여왕이 집권하고 간신이 권력을 휘둘러 나라가 곧 망할 것'이라는 내용의 방(방문의 줄인 말로, 사건이 일어나거나 새로운 소식이 있을 때 이를 널리 알리기 위해 길거리 등에 써 붙이는 글)이 붙었습니다.

윤원형 일파는 이런 일이 생긴 것은 윤임의 남은 세력들이 한 것이라고 모함하여 이들을 없애려 했습니다. 그래서 송인수, 이약수와 함께 여러 명의 선비를 공모자로 몰아 죽이거나 귀양을 보냈습니다. 이 사건을 정미사화라고 합니다.

그리고 2년 뒤에는 이중윤의 모함으로 또다시 유생 수백 명이 화를 당했습니다.

두 번의 사화로 훌륭한 선비들이 많이 죽었을 뿐 아니라 이후 선비들은 벼슬길에 나오려 하지 않았습니다.

명종 8년(1553), 대비인 문정 왕후가 수렴청정을 그만두고 명종이 직접 나라를 돌보게 되었습니다. 그러나 그 뒤로도 문정 왕후는 여전히 정치에 간섭했습니다.

 그리하여 명종은 하루에도 몇 차례씩 문정 왕후의 명령을 받아야 했습니다. 명종은 어머니의 뜻이라 가능하면 받들려 했으나 무리한 일을 요구할 때는 무척 곤란했습니다. 명종이 문정 왕후를 찾아가 앞뒤 사정을 얘기하면서 안 된다고 말해도 문정 왕후는 옳고 그름을 따지기보다는 자기의 분부를 듣지 않았다고 질책부터 했습니다.

 "상감이 누구 힘으로 왕이 된 줄 아시오? 모두가 나와 외삼촌 덕이오!"

 심지어 문정 왕후는 왕에게 매질을 한 적도 있어서, 가끔 왕의 얼굴에 매 맞은 자국과 눈물 자국이 보였다고 합니다.

 세월이 흘렀지만, 윤원형이 여전히 함부로 권력을 휘두르자 명종은 윤원형의 세력을 견제하기 위해 왕후(인순 왕후 심씨)의 외삼촌인 이량을 이조 판서에 앉혔습니다.

 그러나 윤원형의 세력을 꺾으려던 명종의 의도는 어긋나고 말았습니다. 이량 또한 권력에 눈이 멀어 윤원형과 사사로운 권력 다툼만 하고 자신의 일파를 거느리고 싶어했습니다.

그러자 인순 왕후의 동생인 심의겸이 신하들과 힘을 합쳐 이량을 탄핵(높은 공직에 있는 사람이 부정을 저질렀을 때 이를 조사하고 책임을 묻는 일)했습니다. 그리하여 이량은 강계로 귀양을 갔다가 사약을 받았습니다.

이후 서서히 권력을 휘두르는 간신들이 하나 둘 사라지면서 조금씩 조정은 깨끗해졌습니다.

명종 20년(1565), 마침내 문정 왕후가 죽자 명종은 부담 없이 윤원형을 유배 보내고, 문정 왕후의 총애를 받던 보우를 죽여 불교를 탄압했습니다.

얼마 후 임꺽정 사건과 을묘왜변으로 인해 남해안이 많은 피해를 입고, 북쪽에서는 여진족의 침입으로 나라의 안팎이 소란하자 명종은 비변사(무관들이 모여 군사에 관한 일들을 협의하는 기구. 임진왜란 이후에는 의정부를 대신하는 정치의 중심 기관이 되었음)를 설치하여 국방 문제를 전담하게 했습니다. 그리고 바다와 육지의 군사를 관찰사의 지휘 아래 두어 공동으로 전쟁에 맞서도록 하는 등 각종 국방 대책을 마련했습니다.

이어서 명종은 시골에 묻혀 있는 훌륭한 학자들을 조정에 불러들였으며, 잘못된 방법으로 거두어들인 토지는 백성들에게 다시 나눠 주었습니다. 또한 《속무정보감》과 경국대전을 풀이한 《경국대전주해》를 간행하게 했습니다.

명종은 문정 왕후가 죽은 후 을사사화로 몰락한 유림들을 기용하여 좋은 정치를 하고자 했으나 아쉽게도 2년 후에 죽고 말았습니다.

승려 보우, 문정 왕후의 신임을 받다

문정 왕후는 보우라는 승려에게 병조 판서(조선 시대에 국방 문제와 군사 업무를 모두 맡아하던 병조의 우두머리 관직)라는 관직을 맡겼습니다. 명종과 대신들은 속으로는 이를 못마땅하게 여겼지만, 문정 왕후가 보우를 총애한다는 사실을 알기 때문에 아무 말도 할 수 없었습니다.

보우는 호가 허응당이며 중종 25년(1530)에 금강산 마하연암에 들어가 참선과 경학 연구를 하다가 중종 31년(1536)에 산을 내려왔습니다. 그러나 관리의 횡포로 머무르던 절이 불타고, 절의 주지가 옥에 갇히자 다시 금강산으로 들어갔습니다.

그러다가 명종 3년(1548)에 강원도 관찰사 정만종의 추천으로 문정 왕후를 만나게 되었습니다. 문정 왕후의 신임을 얻게 된 보우는 봉은사 주지가 되고, 선교 양종(선종과 교종이라는 2개의 불교 종파)을 부활시켰습니다. 명종 6년(1551)에는 선종판사가 되어 윤원형, 상진 등과 뜻을 합쳐 300여 개의 절을 국가의 공인을 받게 하고, 봉은사를 선종의 중심이 되는 절로 만들었습니다. 그리고 폐지되었던 도첩제를 부활시켜 2년

동안에 4000여 명의 승려를 뽑는 한편, 승려를 뽑는 시험인 승과를 만들었습니다.

한때 보우는 춘천 청평사의 주지로 있다가 명종 14년(1559)에 다시 봉은사의 주지가 되었고, 그 후에 도대선사에 올랐습니다.

문정 왕후가 죽자 불교를 배척하는 상소가 잇따라 올라왔으며 유림들은 보우를 극심하게 반대했습니다. 그리하여 승직을 빼앗기고 제주도에 귀양을 갔다가 제주 목사에 의해 목이 베어 죽었습니다.

이황과 이이, 성리학을 더욱 발전시키다

이황과 이이는 조선 성리학의 커다란 두 기둥입니다. 이황과 이이는 성리학을 더욱 발전시켜 오히려 성리학의 본고장인 중국에까지 영향을 미쳤습니다.

이황은 경상북도 예안에서 태어났습니다. 이황은 태어난 지

7개월 만에 아버지를 여의고 현명한 어머니의 가르침을 받으며 자랐습니다. 12세 때에는 숙부인 이우에게 《논어》를 배웠고, 스무 살에는 《주역》에 빠져 들어 공부에 열중하다가 건강을 해치기도 했습니다.

 이황은 관직에 나아가는 것보다 자연에 묻혀 조용히 공부하며 책을 펴내며 살기를 원했습니다. 그러나 이황의 뛰어난 학식을 알아본 왕들은 이황을 곁에 두고 싶어했습니다.

 33세에 과거에 합격한 이황은 그 뒤 높은 벼슬을 지내며 학문을 연구하고 왕들에게 현명한 조언을 했습니다.

 48세에는 풍기 군수가 되었는데 이 때 뒷날 소수 서원이 되는 백운동 서원에 서적, 편액 등을 내려줄 것을 조정에 건의하기도 했습니다. 선조 즉위년인 1568년에는 우찬성이 되었다가 이듬해 은퇴하여 고향인 안동에 도산 서원을 짓고 학문과 교육에 힘썼습니다. 도산 서원에서는 유성룡, 김성일 등 많은 인재들이 나왔습니다. 그리하여 이황은 영남학파의 영원한 스승이 되었습니다. 뒷날 이황의 제자들은 이이의 제자들로 이루어진 기호학파(기호 지방을 중심으로 활동하던 이이와 성혼의 문인과 학자들)와 대립하기도 했습니다.

이렇게 이황은 겸허한 성격의 학자로서 조선의 주자로 불렸으며, 중종, 명종, 선조의 지극한 사랑을 받았습니다. 특히 명종은 이황을 볼 수 없게 되자 화공에게 이황이 있는 도산 서원의 경치를 그리게 하여 병풍을 만들어 두고 바라볼 정도로 존경했습니다.

이황이 쓴 책으로는 《퇴계전서》, 《성학십도》, 《자성록》, 《주서기의》, 《심경석의》 등이 있습니다.

이이는 중종 때 어머니 신사임당의 고향인 강릉에서 태어났습니다. 아버지는 이원수입니다. 이이는 신사임당에게서 학문을 배우고, 명종 3년(1548) 13세의 나이로 진사시에 합격했습니다. 그러나 16세에 어머니를 여의면서 세상의 허무함을 깨닫게 되어, 3년 상을 마친 뒤 19세에 금강산에 들어가 불교를 연구하기 시작했습니다.

그러다가 다시 유학에 뜻을 두고 공부하여 23세에 이황을

찾아갔습니다. 이황을 본 순간, 이이는 자기도 모르게 고개를 숙였습니다. 두 사람은 만나자마자 학문에 대한 이야기를 밤늦도록 나누었습니다. 이이보다 35세가 많은 이황은 이미 대학자로서의 모습을 갖추고 있었고, 이이는 학문에 뜻을 둔 젊은이로서 모든 일에 적극적이었습니다. 두 사람이 위대한 학자로서 우리 나라의 학문을 발전시킨 것은 우연이 아니었습니다.

이이는 29세가 될 때까지 모두 아홉 번의 과거에서 장원을 했습니다. 그래서 사람들은 이이를 '구도장원공'이라고 불렀습니다. 이제 나라에서는 이이의 이름을 모르는 사람이 없었습니다. 이이의 첫 벼슬은 호조 좌랑이었으며 이어 예조 좌랑, 사간원 정언, 이조 좌랑, 사헌부 지평 등을 지냈습니다. 선조 1년(1568)에는 해마다 명나라에 보내던 사절단인 천추사의 서장관이라는 직책을 맡아 명나라에 다녀오기도 했습니다. 또 부교리를 지내며 역사를 담당하던 기관인 춘추관에서도 일을 하여 《명종실록》 편찬에 참여했습니다.

이이는 선조 때에 많은 활동을 했는데, 조정이 동인과 서인으로 나뉘어 다툼이 생겨도 중립을 지켰습니다.

동인과 서인은 선조 때 관리들의 인사권을 갖고 있는 이조 전랑에 김효원이 추천되자 이조 참의로 있던 심의겸이 반대했습니다. 이 문제가 발단이 되어 김효원을 옳다고 하는 쪽이 동인이고, 그 반대쪽이 서인이 되었습니다. 김효원의 집이 서울 동쪽(낙산 밑)에 있었고, 심의겸의 집이 서쪽(정동)에 있었기 때문이었습니다. 그러나 이이의 친구 중에는 서인이 많았기 때문에 동인들은 이이를 서인으로 몰아세웠습니다. 반면에 서인들은 이이가 줏대 없는 사람이라고 손가락질했습니다. 그러나 이이는 신경 쓰지 않았습니다.

선조 15년(1582)에 이이는 병조 판서의 자리에 올랐습니다. 병조 판서가 된 이이는 군사들을 열심히 훈련시키는 한편, 외적의 침략에 대비했습니다. 선조 16년(1583)에는 국방을 튼튼히 하기 위해 선조에게 '시무 6조'라는 글을 올렸습니다. 그리고 선조에게 군사 10만 명을 양성하여 위급한 때를 대비하자는 건의를 하면서, 그렇게 하지 않으면 10년을 넘기지 못하여 큰 화를 당할 것이라고 예언했습니다. 그러나 이이의 의견은 신하들의 반대에 부딪혀 실행되지 못했습니다.

이이는 벼슬을 내놓고 물러났다가 이듬해 49세로 세상을 떠났습니다.

이이는 《동호문답》, 《만언봉사》, 《성학집요》 등의 책을 지어서 나라를 다스리는 데 필요한 여러 가지 개혁안을 왕에게 올렸습니다. 또 유학을 공부하는 학생들을 위해서는 《격몽요결》, 《학교모범》 등을 지었습니다. 이 밖에도 《소학집주》, 《경연일기》, 《사서율곡언해》 등을 남겼습니다.

도둑 임꺽정이 잡히다

명종 14년(1559), 온 나라에 도둑들이 들끓었습니다. 고을 수령들과 양반들이 세금을 가혹하게 거두어들이고 백성들의 재물을 함부로 빼앗는 등 횡포가 심해지자 가난에 시달리던 농민들이 도둑의 무리가 되었습니다. 도둑들은 떼를 지어 돌아다니면서 토호(높은 벼슬을 못 했지만 지방 양반으로서 큰 세력을 떨치는 사람)와 부자들의 집을 털었습니다.

도둑 가운데서도 가장 큰 도둑이 임꺽정이었습니다. 임꺽정은 경기도 양주의 백정(조선 시대에 소와 돼지를 잡던 사람으로 천민임)이었습니다. 임꺽정은 명종 10년(1555), 전라도에 왜군이 쳐들어왔을 때 싸움에 참가하여 큰 공을 세웠습니다. 그러나 백정이라는 이유로 아무런 보상을 받지 못했습니다.

임꺽정은 붕당(의견에 따라 나누어진 신하들끼리의 집단) 정치 때문에 나라가 혼란해지고 관리들이 부패하여 어지러워지자, 나라에 불평이 많은 사람들을 여기저기서 모았습니다. 이 때가 명종 14년(1559)이었습니다.

임꺽정의 무리들은 황해도와 경기도 일대를 다니며 관아를 습격하여 관리들을 죽이고, 창고를 털어 가난한 백성들에게 나누어 주었습니다. 나라에 바치는 진상(지방에서 나는 토산물들을 왕에게 바치는 것) 보따리를 훔치기도 하고, 양반으로 신분을 속여 고을 수령들의 금품을 빼앗기도 했습니다.

그리하여 임꺽정은 백성들로부터 의로운 도둑이라고 도리어 존경을 받았습니다. 따라서 장연, 옹진, 풍천 등지에서는 관군의 습격을 받았으나 백성들의 도움으로 위기를 모면하기도 했으며, 개성에 쳐들어가 포도관 이억근을 살해하기도 했습니다. 임꺽정 무리는 싸움마다 계속 이겼습니다.

임꺽정은 힘이 장사였습니다. 임꺽정에게는 10여 명의 의형제가 있었는데, 그들은 도둑 떼의 작은 두령이었습니다. 그러던 어느 날 작은 두령 가운데 하나가 체포되어 안성 옥에 갇히게 되었습니다.

임꺽정은 작은 두령을 구하기 위해 생선장수로 변장하고 안성으로 가다가 혜음령 고개에서 다른 도둑 떼를 만났습니다.

"살고 싶으면 당장 짐들을 벗어 놓아라."

임꺽정 일행은 도둑들이 하는 꼴이 우스워 크게 웃었습니다. 그러자 도둑 떼의 우두머리가 더 크게 소리쳤습니다.

"이놈들, 빨리 짐들을 벗어 놓지 못하겠느냐!"

임꺽정은 부하들에게 눈짓으로 짐을 벗어 놓으라고 했습니다. 도둑들은 임꺽정 일행이 자신들의 말을 순순히 따르자 기분이 좋아 크게 웃었습니다.

그 때 임꺽정이 벗어 놓은 짐들을 한데 모으더니 도둑들에게 물었습니다.

"짐을 그리로 옮겨 드릴까요?"

그러자 도둑들 중에서 한 명이 퉁명스럽게 말했습니다.

"시키지 않은 짓은 왜 하느냐? 어서 빨리 가거라!"

임꺽정은 못 들은 체하면서 말했습니다.

"제가 짐을 옮겨 드리지요."

그리고 나서 임꺽정은 열 사람의 몫에 해당하는 짐을 한 손에 번쩍 들더니 성큼성큼 걸어갔습니다. 도둑들은 임꺽정의 놀라운 힘에 놀라 벌어진 입을 다물지 못했습니다.

도둑들은 모두 땅에 엎드렸습니다.

"장사님을 몰라 뵈었습니다. 죽여 주십시오."

그러자 임꺽정이 껄껄 웃으며 말했습니다.

"모르고 한 일이니 그만 일어들 나시오."

그리고 나서 임꺽정은 도둑 떼들을 용서하고 부하로 삼았다고 합니다.

임꺽정은 이렇게 각 도를 활개치고 다녔습니다.

　그러나 임꺽정을 잡기 위해 토벌군이 조직되고, 임꺽정의 형 가도치가 체포되자 임꺽정의 세력은 약해졌습니다. 게다가 싸울 때마다 좋은 꾀를 내던 참모 서림이 한양으로 몰래 숨어들다가 잡히자 더욱 세력이 약해졌습니다.

　결국 임꺽정은 명종 17년 (1562), 토포사 남치근의 대대적인 소탕 작전으로 구월산에서 체포되어 죽음을 당했습니다.

　임꺽정이 죽은 뒤에도, 임꺽정에 대한 이야기는 백성들 사이에서 입에서 입으로 전해졌습니다. 부패된 조정 때문에 어려움을 겪고 있는 백성들에게 임꺽정은 영웅처럼 여겨졌던 것입니다.

　《명종실록》에는 그의 이름이 '임거질정(林巨叱正)'으로 기록되어 있습니다. 임꺽정을 한자로 표시하자니 '임거질정'이 된 것입니다.

제14대
전쟁 속에서 위험을 겪었던 선조

선조는 임진왜란이 일어나자 쫓기는 몸이 되었습니다. 뿌리 깊은 당쟁과 왕의 지도력 부족으로 나라가 일본에 짓밟히고 백성들이 고난을 겪게 되었지만, 이순신과 의병의 활약으로 나라를 지킬 수 있었습니다.
● 재위 기간(1567~1608)

선조가 왕위에 오르다

명종의 뒤를 이어 왕위에 오른 왕은 조선의 제14대 왕인 선조였습니다. 선조는 중종의 손자로 16세의 나이로 왕이 되어 명종 비인 인순 왕후의 수렴청정을 받다가 이듬해부터 직접 나라를 다스렸습니다.

선조는 학문을 좋아하여 어진 선비들을 많이 불러들였습니다. 이준경과 같은 원로 학자는 물론이고, 이이, 이황 등 높은 학식을 가진 학자들이 조정에 드나들었습니다. 그리고 공이 부풀려진 남곤, 윤원형의 공을 깎아 정치를 안정시켰습니다.

그러나 한편으로는 지식 계층의 의견이 나뉘어 분열이 일어나기도 했습니다. 선조는 이런 신하들의 분열을 걱정하지 않았습니다. 신하들이 서로 욕심을 채우려고 당을 만들고 당파 싸움을 하면 문제가 되겠지만, 나라를 위해 다양한 의견을 가지고 활발하게 토론하며 제대로 된 정책을 내놓는 것이 필요하다고 생각했기 때문이었습니다. 그래서 선조는 붕당 정치를 억누르지 않았습니다.

그러나 당시의 국제 정세는 그리 평안하지 못했습니다. 북쪽에서는 오랑캐의 움직임이 수상하고, 남으로는 바다 건너 왜인의 움직임이 수상했습니다. 그런데 조정의 대신들은 오랫동안 태평스럽게 살아온 탓으로 그러한 위험을 눈치채지 못했습니다.

이 때, 넓은 안목을 가진 이이가 나서서 국방을 튼튼히 하고, 군사 설비를 충실히 갖출 것을 제안했습니다.

어느 날 이이는 선조를 찾아가 신중하게 말했습니다.

"우리 나라가 오래도록 평안하여 군대와 식량이 부족합니다. 그래서 하찮은 오랑캐가 변경을 침범하여도 온 나라가 술렁입니다. 혹시 큰 적이라도 침범한다면 어떻게 나라를 지키겠습니까? 그러니 군사를 10만 명으로 늘려 훈련시켜야 합니다. 그렇지 않으면 10년 안에 큰 어려움이 닥칠 것입니다."

그러나 대신들은 하나같이 평화로운 때 무슨 군사 훈련이냐며 이이를 몰아세웠습니다. 그리고 그렇게 많은 군사를 양성하려면 너무 많은 비용이 들고, 자칫 명나라의 오해를 사게 되면 문제가 더 커질 거라며 반대했습니다.

선조도 이이의 의견을 물리치고 대신들의 의견을 따랐습니다.

일본, 조선을 쳐들어올 준비를 하다

당시의 일본은 여러 나라로 갈라져 서로 전쟁을 하는 전국 시대로 출중한 영웅들이 여기저기서 등장했습니다. 그 중에 오다 노부나가란 장수가 세력을 잡고 일본을 통일하다가 부하의 배반으로 죽었습니다. 그리고 나서 오다 노부나가의 밑에 있던 도요토미 히데요시가 뒤를 이어 제후의 자리에 오르고, 일본 전국을 통일했습니다.

도요토미 히데요시는 전국의 군사권을 손에 쥐고 천황(일본 왕에 대한 호칭)의 곁에서 권력을 행사하며 전국의 영주들을 위협하고 협박했습니다. 도요토미 히데요시는 야심이 대단하여 일본이 통일되자 명나라와 조선을 손에 넣기 위한 계획을 세웠습니다. 내란 과정에서 전쟁에 단련된 무사들을 그대로 놀린다면 새로운 위협이 될 수도 있었기 때문이었습니다.

그리고 당시에는 전쟁을 일으키면 장수에게 큰 이익이 생겼습니다. 일단 이기게 되면 백성, 토지, 물자를 모두 가질 수 있었습니다.

말하자면 도요토미 히데요시는 전쟁에만 관심이 있던 사람이었습니다. 도요토미 히데요시는 쉽게 큰 권력을 잡게 되자 조선도 굴복시킬 수 있으리라고 생각했습니다.

도요토미 히데요시는 침략 준비를 서둘렀습니다. 그러면서 한편으로는 사신을 조선에 보내 일본이 통일되었으니 축하 사신을 보내라고 요구했습니다.

일본 사신들은 좋은 말 한 필과 공작새 한 쌍을 선물로 가지고 와서 선조에게 바치고, 답례로 사신을 보낼 것을 요구했습니다. 도요토미 히데요시가 여러 번 사신을 보내 온 까닭은 전쟁을 할 구실을 얻기 위해서였습니다.

선조는 이 문제를 여러 신하들과 의논했습니다. 조정 신하들은 일본의 본심을 모르기 때문에 일본에 요구 조건을 내걸었습니다.

"나라를 버리고 일본으로 건너간 조선 백성들을 모두 잡아 돌려보내면, 답례로 사신을 보내겠소."

그러자 일본 사신들은 좋다고 했습니다. 그러고 나서 쓰시마 섬으로 가서 163명의 조선 백성들을 데려오게 했습니다. 이렇게 되자 조선은 일본의 호의를 믿게 되어 사신을 보내 일본의 사정을 정확히 알아보기로 했습니다.

서로 다른 눈으로 일본을 보다

선조 23년(1590)에 조정에서는 황윤길을 수석 사신으로, 김성일을 부사로, 허성을 서장관으로 삼아 일본 사신들과 함께 일본으로 보냈습니다.

조선 사신 일행은 조선을 떠난 지 4개월 만에 일본에 도착했습니다. 이 때 도요토미 히데요시는 동북 지방에 나가 있었습니다. 그래서 사신들은 일본에 들어온 지 석 달이 지나서야 도요토미 히데요시를 만났습니다. 사신들이 보기에 도요토미 히데요시는 깡마른 체격에 볼품없게 생겼습니다. 게다가 상반신이 길고 하반신은 짧은 기묘한 모습이었습니다. 다만 눈빛만이 남달리 빛나고 쏘아보는 듯했습니다.

선조 24년(1591), 사신 일행은 도요토미 히데요시의 서신을 가지고 한양으로 돌아왔습니다. 도요토미 히데요시의 글에는 일본이 명나라를 치려 하니 길을 빌리자는 둥, 일본으로 와서 인사를 하라는 둥 나라간의 예의조차 무시한 무례한 내용이 적혀 있었습니다.

이에 조정에서는 어전 회의(중요한 나라의 일을 다루기 위하여 왕 앞에서 중신들이 하는 회의)를 열었습니다.

먼저 황윤길이 말했습니다.

"앞으로 반드시 왜군이 쳐들어올 것입니다."

그러나 김성일은 다르게 말했습니다.

"그렇지 않습니다. 군사를 일으킬 것 같지 않으니 걱정할 것 없습니다."

선조가 도요토미 히데요시의 생김새를 묻자 황윤길이 대답했습니다.

"눈에 남다른 빛이 있고, 용기가 있어 보였습니다."

그러나 김성일의 대답은 또 달랐습니다.

"생김새가 변변하지 못하니 두려울 것이 없사옵니다."

이와 같이 두 사람의 의견이 정반대로 갈라졌습니다. 그런데 이를 두고 황윤길은 서인이요, 김성일은 동인이었기 때문에 나라의 운명보다 당파를 앞세워 일을 그르쳤다는 견해가 있습니다. 그러나 이것은 올바른 견해가 아닙니다.

이들과 함께 서장관으로 갔던 허성은 동인의 중심 세력임에도 불구하고 황윤길의 의견을 따랐다는 사실만 보아도 알 수 있습니다. 김성일은 자신이 전쟁이 일어나지 않을 것이라고 말한 것은 백성들의 마음이 흔들릴 것을 염려했기 때문이라고 친구 유성룡에게 털어놓았습니다. 그러나 일본까지 나가서 일의 형편을 정확히 파악하지 못한 책임을 면할 수는 없습니다.

의견이 이렇게 갈라지자 조정은 '아무 일도 없겠지.'라는 생각으로 기울어 일본의 침략에 대비하지 않았습니다. 평안한 현재만 생각한 조정은 국방에 적극적인 조치를 취하지 않았습니다.

임진왜란이 일어나다

도요토미 히데요시는 고니시 유키나가, 가토 기요마사, 구로다 나가마사 등의 장수들에게 육군 15만 명을 주어 조선에 상륙하도록 하는 한편, 수군 9000명을 바다로 보내 조선 땅에 침략한 군사들의 길을 호위하도록 했습니다.

이 무렵 조선의 조정에는 갑자기 왜군이 쳐들어온다는 급한 전갈이 계속 이어졌습니다. 왜군이 쳐들어오리라고 예상하지 못했던 조선의 조정은 당황할 수밖에 없었습니다.

통신사가 일본에 다녀온 뒤 반신반의하면서 대강 군사를 정비하고, 방어를 위해 급히 성을 새로 쌓기도 했지만, 왜군의 침략이 이렇게 빠를 줄 몰랐습니다. 이 때가 선조 25년(1592) 4월이었습니다.

왜군은 쓰시마 섬을 떠나 부산진을 향하여 마구 돌진해 왔습니다. 부산 첨사 정발은 부장 이일운과 함께 있는 힘을 다해 막아 보려 했습니다. 그러나 훈련을 제대로 받지 못한 군사와 녹슨 무기들로는 조총이란 놀라운 무기를 가지고 전쟁에 숙

달이 된 왜군을 막아 내기에는 어림도 없었습니다. 왜군의 상륙을 막아 보려 했으나 힘에 부쳤습니다.

정발의 군사들은 자꾸 계속하여 육지로 올라와 포위해 오는 왜군의 공격을 견디지 못하고 반나절 만에 허물어졌습니다. 많은 조선의 군사와 백성들이 물밀듯이 성으로 들어오는 왜군을 피해 도망치다 칼에 베고 총에 맞아 죽었습니다. 이 싸움에서 죽은 조선 사람은 8000여 명이나 되었습니다. 부산 첨사 정발도 끝까지 싸웠으나 전사하고 말았습니다.

첫 싸움에서 가볍게 승리한 왜군은 이번에는 동래로 들이닥쳤습니다. 동래성도 하루 만에 함락되었습니다.

부산과 동래가 함락되자 왜군은 단숨에 경상도 여러 고을을 휩쓸고, 한양을 향해 올라오기 시작했습니다.

조정에서는 급히 이일에게 순변사(조선 시대에 국경 지대의 군사와 백성들의 생활을 돌아보고 조사하기 위해 왕이 보낸 특사)라는 벼슬을 주어 지방으로 내려 보냈습니다.

순변사 이일은 내려가는 도중에 곳곳에서 젊은이들을 뽑아 군사를 늘리면서 상주성에 도착했습니다. 그러나 파도처럼 밀려오는 왜군에게 1000여 명도 못 되는 조선의 젊은이들은 힘없이 흩어져 버렸습니다. 싸워 보지도 못하고 졌습니다.

이일이 패한 뒤에 조정의 명령을 받고 내려온 장수는 신립이었습니다. 신립은 일찍이 여진족을 물리치고 위세를 떨치던 용감한 장수였습니다. 조정에서는 신립을 보내면서 이겼다는 소식이 오기를 기다렸습니다. 그러나 신립도 무참히 패배하고 말았습니다.

충주에서 신립의 군사를 쳐부순 고니시 유키나가는 다시 다른 길로 진군해 오는 가토 기요마사의 군대와 합하여 무서운 기세로 한양을 향하여 나아갔습니다.

신립이 졌다는 소식과 왜군이 한양을 향해 올라온다는 소식을 들은 조정의 대신들을 크게 당황했습니다. 백성들도 불안하여 우왕좌왕했습니다.

오랜 평화 속에서 국방을 튼튼히 하지 않고, 이웃 나라 사정을 제대로 몰랐던 조정 신하들은 어쩔 줄 몰라 했습니다.

당황한 선조는 대책을 세우기 위해 대신들을 불러모았습니다. 그런데 이번에도 대신들의 의견이 나누어졌습니다.

"지금 전국이 어지럽고 왜군을 막을 만한 군사가 없으니 속히 한양을 버리고 피난하셔야 될 줄로 아뢰오."

"아니 됩니다. 한양을 버려서는 아니 되옵니다. 급히 팔도에 교서를 내려 근왕병(왕에게 충성을 다하는 병사)을 일으켜 굳게 지키셔야 합니다."

"우선 서도(황해도와 평안도 지방을 가리킴)로 피난하셨다가 왜군이 물러가면 돌아오시고, 만약 왜군이 물러나지 않으면 명나라로 들어가 구원병을 청해야 합니다."

한양을 버리는 것은 나라를 버리는 것이나 마찬가지였습니다. 그러나 왜군은 점점 가까이 오고 한양을 지킬 군사는 없었습니다. 어쩔 수 없이 일단 한양을 떠나기로 했습니다. 선조와 대신들은 서쪽으로 피하고 명나라에 구원병을 요청하기로 했습니다.

결국 선조는 개성을 향하여 떠났습니다. 왕의 행차치고는

　너무나 초라했습니다. 군대의 호위도 받지 못했음은 물론이고 도승지 이항복 등 몇몇 신하들과 궁녀와 하인을 합쳐 100여 명만이 뒤따랐습니다.
　왕의 일행이 한양을 떠나자 한양은 혼란에 빠졌습니다. 대궐과 관청에는 불길이 치솟았습니다. 불은 전쟁으로 살기가 어려워진 백성들이 지른 것이었습니다.
　피난길을 서두르는 왕과 신하들은 가는 곳마다 백성들의 원망을 들었습니다. 왕과 신하들은 울면서 항의하는 백성들에게 아무런 말도 못 하고 무조건 달아나기에 바빴습니다. 선조는 한양을 떠날 때 김명원을 대장으로 남겨 두어 한양을 지키도록 했습니다. 김명원은 몇 안 되는 병사들을 이끌고 싸우다가 왜군에게 밀려 도망가 버리고 말았습니다.

김명원은 개성으로 피해 가 있는 선조에게 달려가 죄를 청했습니다. 그러나 선조는 김명원이 몇 안 되는 군사로 싸웠음을 생각하고 죄를 묻지 않았습니다. 대신 다시 순찰사로 임명해 경기도, 황해도의 군사를 거느리고 임진강을 방어하게 했습니다.

선조는 다시 불안한 마음으로 조정 대신들을 거느리고 개성을 떠나 평양으로 향했습니다.

한편, 한양에 도착한 왜군은 군사를 둘로 나누어 가토오 기요마사는 강원도를 거쳐 함경도로, 고니시 유키나가는 서도로 향했습니다.

그런데 고니시 유키나가의 군대가 임진강에 도착했을 때, 강가에는 배가 하나도 없었습니다. 그래서 고니시 유키나가는 계략을 꾸몄습니다. 고니시 유키나가는 짐짓 군사를 물리는 척했습니다. 그것을 본 조선의 군사들은 함정인 줄도 모르고 강을 건너와 왜군을 쫓았습니다. 조선의 군사들은 왜군의 계략에 빠져 크게 지고 말았습니다.

임진강을 지키던 군사들마저 이렇게 패하자 순찰사 김명원은 선조에게 달려갔습니다.

선조의 행렬은 이 소식을 듣고는 놀라 평양을 버리고 서쪽으로 향했습니다. 선조는 영변으로 향하면서 명나라에 구원병을 청할 사신을 보냈습니다.

평양을 지키던 조선의 군사들은 대동강 전투에서 왜군을 이겨 말 100여 필을 빼앗고 수백 명을 죽였습니다. 그러나 얼마 뒤에 왜군의 대부대가 몰려왔으므로 싸움은 다시 역전이 되었습니다. 결국 조선의 군사들이 평양을 버리고 떠나자, 왜군은 평양성을 점령했습니다. 선조는 평양 싸움의 패배 소식을 듣고 다시 쫓기는 몸이 되어 의주로 갔습니다. 일이 뜻대로 되지 않으면 명나라로 들어갈 작정이었습니다.

이순신, 바다를 지키다

조선의 군사들이 육지에서 열 번을 싸워 열 번을 질 때였습니다. 그러나 바다에서는 이순신이 바닷길을 가로막고 왜군의 수군을 여지없이 쳐부수었습니다.

당시 이순신은 무과에 급제한 뒤 낮은 벼슬에 머물러 있었는데, 임진왜란이 일어나기 전에 우의정 유성룡의 추천으로 전라 좌수사가 되었습니다. 이순신은 왜군의 침입을 예측하고 낡은 배를 고치고 군사 훈련을 열심히 했습니다.

처음에 왜군은 바다와 육지에서 함께 쳐들어왔습니다. 왜의 수군은 부산에서 남해를 거쳐 서해로 돌아가면서 육군과 공동 작전을 폈습니다. 그래서 왜의 육군은 부산을 침입하고, 동시에 수군은 거제도 옥포 앞바다로 쳐들어왔습니다.

이에 경상 우수사 원균은 당황하여 출전할 엄두를 못 내고 전라 좌수사 이순신에게 구원을 청했습니다. 이순신은 조정의 명령 없이 자기가 지키는 수역을 떠나기가 어려웠지만, 적을 물리치는 게 우선이라고 생각했습니다.

그래서 전라 좌수영(조선 시대에는 왜구와의 접촉이 심했던 전라도와 경상도에 수군의 군영을 각각 두 곳에 설치했음. 서울에서 남쪽을 향해 왼쪽에 있는 것을 좌수영, 오른쪽에 있는 것을 우수영이라 했음)의 배를 이끌고 거제도 옥포에서 왜의 수군과 맞붙게 되었습니다.

이순신은 항구가 좁고 여울이 얕은 옥포 앞바다에서 해전을 하는 것은 불리하다고 판단하고 넓은 바다로 왜군을 유인하려고 했습니다.

이순신이 거짓으로 도망가는 척하자 그 동안 전투에서 쉽사리 이겨온 왜군의 배는 앞을 다투어 쫓아왔습니다.

왜군의 배가 모두 넓은 바다로 나오자 갑자기 북소리가 울렸습니다. 그 소리를 신호로 도망가던 이순신의 해군은 배의 방향을 돌려 왜군의 배 쪽으로 향했습니다. 그리고 왜군을 향해 돌진하여 반격을 시작했습니다.

이순신이 만든 거북선이 위력을 발휘하는 순간이었습니다. 거북선은 전체를 거북 모양으로 된 뚜껑을 덮고 그 위에 무수

한 못을 꽂아 적이 쉽게 접근하지 못하게 했습니다. 또한 앞뒤로 돌아가며 대포가 달려 있었습니다.

거북선은 앞으로 나가고 뒤로 빠지는 것이 쉽고, 적의 배를

공격하기 좋은 철갑선이었습니다. 거북선은 왜군의 배를 거침없이 들이받고 불을 질러 격침시켰습니다.

이순신은 이 싸움에서 적의 총알에 맞아 어깨를 다쳤으나 조금도 포기하지 않고 끝까지 군사를 지휘했습니다. 왜의 수군은 형편없이 깨져서 남은 배를 이끌고 도망치기에 바빴습니다.

이순신이 이끈 옥포 싸움에서 왜군 수백 명이 죽고, 적선 수십 척이 가라앉았습니다. 그러나 우리 수군의 피해는 사상자 10여 명에 불과했습니다.

옥포에서의 첫 싸움을 시작으로 조선의 수군은 사천, 당포, 당항포, 한산도, 부산 해전에서 모두 큰 승리를 거두었습니다.

특히 한산섬 앞바다에서 벌어진 한산도 해전은 임진왜란 3대첩(한산도 대첩, 진주 대첩, 행주 대첩)의 하나로 손꼽는 통쾌한 싸움이었습니다. 이순신은 학의 날개를 편 듯한 학익진법으로 왜군을 크게 무찔렀습니다.

한산도 싸움 이후에 왜군들은 겁을 먹고, 한산도 부근에는 얼씬거리지도 못 했습니다. 이렇게 하여 한산도 일대를 요새로 삼아 이듬해에는 본영을 한산도로 옮겨 설치하였습니다.

 이순신은 싸움에서 이긴 공로로 차츰 벼슬이 올라가서 선조 26년(1593)에는 삼도(충청도, 전라도, 경상도) 수군통제사가 되어 사실상 수군의 총지휘관이 되었습니다.

 이 무렵에 왜군은 조선과 명나라 군사에게 밀려 남해안 일대로 쫓겨 가 있었습니다. 그리고 일본에서는 도요토미 히데요시가 병들어 죽었습니다. 도요토미 히데요시가 죽었다는 사실이 전해지자 조선 군사들과 명나라 군사들은 춤을 출 듯이 기뻐했습니다. 마음 속으로는 왜군들도 도요토미 히데요시의 죽음을 반기고 있었습니다. 오랜 전쟁으로 지칠 대로 지쳤는데 이제 고국으로 돌아갈 수 있었기 때문입니다.

 얼마 후 왜군 장수 고니시 유키나가는 명나라 장수에게 싸움을 멈추고 화해를 하자고 제안했습니다. 그리고 일본으로 돌아갈 수 있게 길을 열어 달라고 요청했습니다. 명나라 장수는 왜군이 스스로 물러나겠다고 나오자 잘 된 일이라고 여기고 길을 비켜 주겠다고 약속했습니다. 그러나 이 말을 들은 이순신은 고개를 가로저으며 힘주어 말했습니다.

"도둑을 어떻게 그냥 놓아주라고 하십니까? 나는 결코 살아 있는 한 이 도둑놈들과는 같은 하늘 아래에 있지 않을 것이오."

그리고 나서 이순신은 조금도 망설이지 않고, 적선이 보이면 거침없이 무찔렀습니다. 그러자 고니시 유키나가는 총 100자루와 금, 은 등을 보내 오면서 이순신에게 길을 좀 비켜 달라고 청했습니다. 그러나 이순신은 그들이 보내 온 물건들을 거들떠보지도 않았습니다.

"도둑에게 빼앗은 무기가 산더미처럼 쌓여 있는데, 내가 이까짓 것을 탐할 것 같으냐. 그리고 우리 백성들에게서 빼앗은 금과 은을 다시 나에게 주려 하다니 참을 수 없다. 내가 할 일은 오직 너희들을 죽여 나라의 원수를 갚는 것이다."

거침없는 이순신의 말에 고니시 유키나가는 분통해하며 어떻게든 돌아갈 길을 열어 보려고 가지고 있는 모든 배와 군사들을 한 곳으로 모았습니다. 그리하여 선조 31년(1598) 11월 19일, 노량 앞바다에는 왜군 5만여 명과 병선 600척이 모였습니다.

이 때 이순신이 거느리는 조선 수군과 명나라 수군은 연합하여 왜군이 돌아갈 길을 막고, 다른 한편으로는 노량 앞바다로 돌진해 들어갔습니다. 조선에 쳐들어온 왜군을 끝까지 무찔러서 7년간의 전쟁을 마무리하는 마지막 싸움이었습니다.

수백 척의 적선을 향해 돌격하는 긴장된 순간, 바로 그 때 큰 별 하나가 이순신이 서 있던 뱃머리를 스쳐 바닷속으로 떨어졌습니다. 그것을 본 장수와 군사들은 불길한 징조라며 놀랐으나 오직 이순신만은 태연했습니다.

이순신은 배들의 맨 앞에 서서 우렁찬 목소리로 군사들을 지휘했습니다.

"왜군이 돌아가지 못하도록 길을 끊고, 왜군을 모두 죽여라! 병사들이여! 죽기로 싸우면 살 것이요, 살기로 싸우면 죽을 것이다. 목숨을 아끼지 말고 적을 무찌르라!"

이순신의 힘찬 외침에 이어서 깃발이 날리고 북이 울리자 군사들의 사기는 점점 올라갔습니다.

왜군들은 언제 죽을지 모르는 상황에 몰리자 마지막 발악을 하듯이 있는 힘을 다해 덤벼들었습니다.

대포 소리에 바다가 뒤흔들리고 탄환이 우박처럼 쏟아졌습니다. 그렇게 서너 시간이 지났습니다. 이순신의 지휘에 따라 군사들은 대포를 쏘고 왜군의 배를 거침없이 공격했습니다. 그 결과 왜군의 배가 400척 정도 격침되었고, 왜군 수만 명이 물에 빠져 죽었습니다. 조선 수군의 대승리였습니다.

마지막으로 나머지 왜군들을 무찌르기 위해 돌격하려 할 때였습니다. 명나라 장군 진린의 배가 적선에 둘러싸여 위험에 처해 있었습니다. 이를 본 이순신은 배를 돌려 진린 장군을 구했습니다.

그러나 그 순간 이순신의 가슴에 적의 총탄이 날아와 박혔습니다. 곁에 있던 조카 이완이 달려와 이순신을 얼른 부축했습니다.

"지금은 싸움이 더 급하니 내 죽음을 군사들에게 알리지 마라. 내 걱정은 말고 나를 대신해 전투를 지휘하여라."

이순신은 이렇게 말하고는 수기(장수가 손에 들고 직책을 표시하는 군기)를 조카에게 맡겼습니다. 그리고 잠시 뒤 세상을 떠났습니다. 이순신의 나이 54세였습니다. 이처럼 이순신은 죽는 순간까지 나라를 지키려 했습니다.

이완은 이순신의 뜻에 따라 이순신의 죽음을 알리지 않고

군사들을 지휘했습니다. 그래서 아무도 이순신이 죽었다는 사실을 몰랐습니다. 싸움이 끝난 후 기뻐하는 군사들에게 이완은 통곡하며 이순신의 죽음을 알렸습니다.

"장군께서는 조금 전에 돌아가셨습니다."

"뭐라고, 이 통제사가 죽었다고? 아아, 조선의 큰 별이 졌구나!"

조선의 군사뿐 아니라 명나라 군사들까지 이순신의 죽음을 슬퍼했습니다.

임진왜란을 승리로 이끈 이순신은 무관이었지만, 글도 잘 써서 《난중일기》와 시조 등 뛰어난 작품을 남겼습니다.

이순신의 묘는 아산의 어라산 기슭에 있으며, 왕이 친히 지은 비문(비석에 새긴 글)과 충신문이 건립되었습니다. 시호는 충무입니다.

권율, 행주산성에서 승리하다

전라도 순찰사였던 권율은 선조 25년(1592) 12월에 수원의 독산성에서 왜적을 물리친 후 한양을 되찾기 위해 북진하고 있었습니다.

　한편 평안도에서 싸우고 있던 고니시 유키나가의 군대는 조선과 명나라 연합군에게 평양성을 빼앗기자 후퇴하며 한양으로 내려오고 있었습니다. 또 함경도에서 싸우던 가토 기요마사의 군대도 후방이 위태로워지자 돌아갈 길이 막힐까 봐 2월 말에 한양으로 철수한 상태였습니다.

　그런데 한양에 모인 왜군은 한양을 향해 오던 명나라 군사들을 벽제관 근처인 혜음령에서 무찌르고 사기가 높아졌고, 명나라 군사들이 도리어 쫓겨 가는 신세가 되었습니다. 일이 이렇게 되자 조선의 군사들은 명나라와 힘을 합칠 수 없어 단독으로 왜군과 싸울 수밖에 없었습니다.

　권율은 한양을 탈환하기 위해 조방장 조경과 승장 처영 등 정예군 2000여 명을 거느리고 한강을 건너 행주 덕양산에 진을 쳤습니다. 권율은 124미터의 험한 산봉우리에 2중으로 목책(굵은 나무를 세워 적을 방어하는 울타리)을 쳤습니다. 선조 26

년(1593) 2월 12일, 왜군의 총수 우키타가 3만 명에 이르는 7개 부대로 행주산성을 공격했습니다.

먼저 제1대가 조총을 쏘면서 공격해 왔습니다.

"와와!"

"타타탕!"

조총소리에 이어 대포소리가 요란했습니다. 조선 군사들도 화포와 석포(돌을 담아 쏘는 포)를 일제히 퍼부었습니다. 공격해 오던 왜군은 말과 사람이 한꺼번에 뒤엉켜 아수라장이 되었습니다.

이시다가 이끄는 군대가 저녁 해질 무렵까지 계속 공격을 해왔으나 조선군은 끝까지 싸워서 왜군을 물리쳤습니다.

서쪽의 완만한 산비탈을 타고 공격해 온 왜군도 승군 1000여 명이 재와 고춧가루를 섞은 것을 터뜨리는 바람에 눈도 뜨지 못하고 쓰러졌습니다. 승군의 공격을 뚫고 성 안까지 들어온 왜군도 있었지만, 권율과 승장 처영의 필사적인 공격으로 많은 사상자를 내고 도망을 쳤습니다.

싸움 중에 권율은 직접 물통을 들고 다니며 목마른 병사들에게 물을 나눠 주며 격려했습니다.

"아, 속이 다 시원합니다. 장군님, 이제 살 것 같습니다."

물을 마신 병사들은 더욱 열심히 싸웠습니다. 특히 이 싸움에서는 부녀자들까지도 동원되어, 부녀자들은 앞치마로 돌을 날라다 주고 물을 끓이며 열심히 싸움을 도왔습니다. 이 때부터 부녀자들이 치마 앞에 덧두르는 짧은 치마를 행주산성에서 사용한 치마라고 하여 '행주치마'라고 부르게 되었다고 합니다. 왜군을 물리치고 행주산성을 지켜 낸 행주대첩은 우리 역사에 길이 남을 위대한 전투였습니다.

의병들이 임진왜란을 승리로 이끌다

곽재우는 선조 18년(1585) 문과에 급제했으나, 곽재우가 지은 글이 선조의 뜻에 거슬려 합격이 취소되었습니다. 그러자 곽재우는 벼슬길을 포기하고 고향인 의령에 내려와 지내고 있었습니다. 그런데 임진왜란이 일어나 선조가 의주까지 피난을 가고 나라가 위태롭게 되자 의병(나라가 외적의 침입으로 위급할 때 스스로 일어나는 군사)을 일으켰습니다.

곽재우는 자신의 재산을 팔아 식량과 무기를 마련하고 군사를 모았습니다. 그러자 많은 사람들이 의병이 되겠다고 찾아왔습니다. 곽재우는 의병들을 지휘할 때 붉은 옷을 입었는데, 이 때문에 의병들은 곽재우를 홍의 장군이라고 불렀습니다.

"왜군이 창녕으로 오고 있습니다!"

의병들에게서 보고를 받은 곽재우는 왜군이 화왕 산성을 공격해 올 것이라 짐작하고 의병을 이끌고 창녕으로 달려갔습니다. 곽재우는 화왕 산성 주변을 둘러본 다음, 베와 벌통을 구해 오라고 명령을 내렸습니다.

의병들은 영문을 몰랐지만, 곽재우의 명령에 따랐습니다.

베와 벌통이 준비되자 곽재우는 먼저 판자로 식량 상자를 만든 다음, 그 속에 벌통을 넣었습니다. 벌통이 든 상자는 산성 뒤에 놓았습니다. 그리고 산성 앞에 새끼줄을 치고 베를 걸어놓은 뒤 수십 명의 군사들을 돌아다니게 했습니다.

드디어 왜군이 가까이 왔습니다. 멀리서 왜군이 산성을 바라보니 베 자락 사이로 수많은 의병들이 왔다 갔다 하는 것이 보였습니다. 왜군은 계획을 바꾸어 군사의

수가 많은 산성의 앞쪽보다 뒤쪽을 치기로 했습니다. 산성 뒤쪽으로 옮겨간 왜군은 그 곳에서 식량 상자를 발견했습니다.

"식량 상자가 여기저기 흩어져 있습니다."

왜군들은 식량 상자를 조선군이 급히 도망치면서 놓고 간 것으로 생각했습니다. 그래서 우선 식량 상자를 열어 밥을 해 먹고 나서 공격하기로 결정했습니다.

왜군들은 식량 상자를 한데 모아 뚜껑을 열었습니다.

순간 식량 상자 속에 들어 있던 벌들이 날기 시작했습니다.

"아야!"

왜군들은 비명을 지르며 도망가기 시작했습니다. 그 때 곽재우의 목소리가 사방으로 울려 퍼졌습니다.

"왜놈들을 쳐라! 한 놈도 살려 두지 마라!"

숨어서 기다리던 의병들은 함성을 지르며 달려 나와 왜군을 무찔렀습니다. 이 싸움에서 왜군은 거의 살아남지 못하고, 겨우 몇 명만이 살아서 도망쳤습니다.

홍의 장군 곽재우가 왜군을 상대로 싸우고 있을 때, 진주성에는 김시민이라는 진주 판관이 왜군과 전투를 치르고 있었습니다. 진주성은 지리적으로 호남에 이르는 길목에 자리잡고 있어서, 만약 진주성이 무너지면 왜군은 바로 호남 지역으로 들어갈 수 있었습니다.

김시민은 죽은 목사를 대신하여 성을 고치고 무기를 정비했습니다. 그러나 김시민의 군사는 아무리 모아도 4000여 명에 지나지 않았습니다.

선조 25년(1592) 10월, 왜군 3만여 명이 진주성을 둘러쌌습니다. 왜군은 수시로 조총을 쏘아 조선 의병들을 긴장하게 만들었습니다. 그럼에도 불구하고 김시민의 군사들은 성 안에 아무도 없는 것처럼 조용히 숨어 있었습니다. 최대한 적군의 무기를 소모시키려는 작전이었습니다.

아무것도 모르는 왜군들은 답답해지기 시작했습니다.

"어찌된 일이지? 왜 이렇게 조용하지?"

왜군들이 잠시 마음을 놓고 웅성거리고 있자, 이 틈을 기다리고 있던 김시민이 공격 명령을 내렸습니다. 느닷없이 성 안에서 화살이 날아들자 왜군들은 피하지 못하고 그대로 화살에 맞았습니다.

"으악, 속았다!"

수백 명의 왜군이 순식간에 쓰러졌습니다.

가까스로 살아남은 왜군들은 사다리를 성에 걸치고 기어오르려고 했습니다. 그러자 이번에는 화약에 불을 붙여 사다리를 불태웠습니다. 그리고 나서 각종 화포와 끓는 물, 돌을 이용해 왜군을 공격했습니다. 더 이상 싸울 기력이 없어진 왜군들은 허겁지겁 후퇴했습니다.

　이렇게 6일간이나 싸움이 계속되었습니다. 왜군의 시체는 늘어만 가고, 사기도 점점 떨어졌습니다. 그리고 마침내 왜군들이 물러갔습니다. 그러나 안타깝게도 김시민은 마지막 전투에서 적의 총탄을 이마에 맞아 며칠 후 사망하고 말았습니다.

　임진왜란 중에 커다란 공을 세운 기생이 있었습니다. 바로 논개입니다.

　진주성의 싸움에서 진 왜군은 얼마 후 더 많은 군사를 이끌고 다시 공격해 왔습니다. 그런데 안타깝게도 다시 쳐들어온 왜군에게 진주성이 함락되고 말았습니다.

　왜군들은 절벽 위에 세워진 촉석루에 조선의 기생들을 모아 놓고 승리의 잔치를 열었습니다.

　이 자리에 불려간 논개는 왜장 게타니 곁에서 술을 따르고 있었습니다. 왜장이 술에 취하자 논개는 왜장에게 춤을 추자며 손을 이끌어 조금씩 조금씩 촉석루의 가장자리로 유인했습니다. 그러다가 어느 순간 왜장을 껴안고 강물 속으로 몸을 날렸습니다.

　논개는 자신의 목숨을 바쳐 나라를 짓밟은 원수의 목숨을 빼앗은 것입니다.

　이 밖에도 임진왜란 때 의병을 일으킨 사람에는 함경도의 정문부, 충청도의 조헌, 전라도의 김천일 등 이루 말할 수 없이

많았습니다. 사람들의 이런 희생으로 전쟁 속에서 나라를 지킬 수 있었습니다.

전쟁이 세 나라에 큰 영향을 미치다

7년간의 왜란은 끝났으나 이 전쟁이 조선, 명, 일본의 삼국에 끼친 영향은 대단히 컸습니다.

조선은 전쟁으로 무려 200만 명이 목숨을 잃었고, 10만여 명이 포로가 되어 일본으로 끌려가서 인구가 크게 줄었습니다. 나라의 땅은 농사를 지을 수 없을 만큼 황폐해졌습니다. 백성들은 굶주려 갔으며, 각지에서 도둑이 날뛰고 민란이 일어났습니다.

문화재의 손실도 커서 경복궁을 비롯한 건축물과 서적, 미술품 등이 불에 타서 없어지거나 빼앗겼습니다. 뿐만 아니라 역대 《조선왕조실록》과 같은 귀중한 사서를 보관했던 사고도 전주 사고만 남고 모두 불에 타 버렸습니다.

이에 조정에서는 군사 제도를 재편성하고 무기의 개량에 착수했습니다. 그리고 훈련도감(군사들의 훈련과 서울 방위를 위하여 설치한 군사 제도)을 설치하고 삼수병(총을 쏘는 포수, 활을 쏘는 사수, 창과 칼을 쓰는 살수로 구성된 군사)을 두어 무예를 익히게 했습니다. 지방에도 군사 훈련 시설을 설치하여 병사들이 무예를 익히도록 했습니다. 그것은 임진왜란을 통해 우리 군대가 너무도 무기력하다는 것을 알았기 때문이었습니다. 무기로는 비격진천뢰와 화차를 새로 발명했고, 일본과의 전투에서 획득한 조총을 제조하여 실전용으로 배치했습니다.

백성들에게도 많은 변화가 일어났습니다. 병사의 역을 면제해 주고, 노비가 양인이 되는 등 신분의 질서가 무너졌습니다.

한편으로는 명나라의 도움을 입었기 때문에 명나라에 대한 사대사상이 더욱 굳어졌습니다. 명나라 군사들에 의하여 관운장(관우) 숭배사상도 들어왔습니다. 그러나 일본에 대한 적개심은 더욱 높아졌습니다.

일본은 임진왜란으로 도요토미 히데요시의 세력이 쇠퇴하

고, 도쿠가와 이에야스가 정권을 잡게 되었습니다. 또한 전쟁 중에 끌고 간 많은 기술자와 학자 그리고 약탈해 간 조선의 문화재를 통해 도자기 제조 기술과 인쇄술이 발전하는 등 여러 방면에서 문화의 발달이 두드러졌습니다. 조선의 성리학도 이 때 전해졌습니다.

 한편 명나라는 수많은 지원병을 파병하고 경제적 원조를 하느라 국력을 소모한 끝에 만주에서 일어난 여진족의 세력을 꺾지 못하고 끝내 패망의 길을 걷게 되었습니다. 이와 같이 임진왜란은 동양의 국제 정세를 크게 변화시키는 결과를 가져왔습니다.

제15대
중립 외교를 펼친 광해군

광해군의 노력으로 광해군이 왕위에 있던 15년 동안은 한 차례의 전쟁도 없이 평화로운 시기를 보낼 수 있었습니다. 따라서 임진왜란으로 혼란에 빠진 나라를 안정시킬 수 있었습니다.
● 재위 기간(1608~1623)

임진왜란 때 뛰어난 능력을 나타내다

광해군의 이름은 혼이며, 선조의 둘째 아들입니다. 형 임해군 진은 성격이 난폭하다는 이유로 세자에 책봉되지 못했습니다. 광해군은 백성들과 신하들로부터 두터운 신임을 받아서, 임진왜란 중에 피난지 평양에서 세자에 책봉되었습니다.

임진왜란이 일어난 지 두 달이 지나자 조정은 선조가 명나라로 몸을 피해야 한다는 의견과 이에 반대하는 의견으로 갈라졌습니다.

망명을 찬성하는 이항복이 말했습니다.

"우리가 왜군을 이기기는 힘듭니다. 왜군은 명나라를 쓰러뜨리려 하고 있기 때문에 당연히 북쪽으로 밀고 올라올 것입니다. 하오니 왜군을 피해 요동으로 피난을 가야 합니다."

"그럴 수는 없습니다. 왕이 다른 나라로 피난 간다는 것은 나라와 백성을 버리는 일이옵니다. 끝까지 왜군과 맞서 싸워야 합니다."

망명을 반대하는 유성룡도 적극적으로 나서서 말했습니다.

오랜 고심 끝에 선조는 망명에 찬성하여 선조가 이끄는 원래의 조정은 의주로 향했습니다.

그리고 원래 조정 외에 세자에게 왕의 권력을 위임한 뒤 나랏일을 처리하게 하는 또 하나의 조정이 만들어졌습니다. 그것이 바로 '분조'입니다. 세자 광해군이 이끄는 새로운 조정인 분조는 남쪽으로 향했습니다.

분조는 강원도 이천에서 군량미(군사들의 밥을 짓는 쌀)를 대주는 등 조선 군대가 전쟁을 하는 데 도움을 주고 뒤에서 지원하는 활동을 했습니다. 그리고 왜군의 공격에 대비했습니다.

광해군의 분조가 없었다면 서해안 곡창 지대를 지킨 연안성 전투의 승리는 불가능했습니다. 또 광해군의 분조는 전국 의병들의 중심이기도 했습니다.

평양에서 분조가 남하할 당시 광해군을 따르는 대신은 겨우 10여 명뿐이었습니다. 이 중에서 영의정 최흥원과 병조 판서 윤자신 2명은 선조가 임명하여 따라온 것이지만, 좌의정 유홍과 좌찬성 최항, 전 병조 판서 한준 등 8명은 스스로 광해군을 따라왔습니다. 이들은 왜군에 대항하여 끝까지 싸워야지 왕이 남의 나라에 들어가 의탁할 수는 없다고 생각한 사람들이었습니다.

세자의 분조가 남쪽으로 내려온다는 소식은 평안도, 황해도, 강원도의 백성들에게 알려져 큰 힘이 되었습니다. 그리고 경기도와 함경도, 이어서 호남까지 소식이 퍼져 나갔습니다.

광해군은 17세로 비록 나이는 어렸지만, 전쟁 때문에 많은 상처를 받은 백성들을 보살피며 훌륭하게 분조를 이끌어 갔습니다. 백성들은 이러한 광해군을 믿고 따랐으며, 분조를 중심으로 굳게 뭉쳤습니다.

중립 외교를 펼치다

　광해군이 왕위에 오르던 당시, 주변 나라들의 상황은 하루가 다르게 변하고 있었습니다. 특히 중국에서는 명나라가 기울고 만주의 여진족이 후금(후에 청나라)을 세우고 맹렬히 기세를 올리고 있었습니다. 위기를 느낀 명나라는 후금을 물리치기 위해 전쟁을 일으키려고 했습니다. 그러면서 조선에도 지원군을 보내 줄 것을 요구했습니다.

　명나라는 조선이 무시할 수 없는 큰 나라였고, 임진왜란 때 명나라가 조선을 도와서 지원군을 보내 주는 등 많은 도움을 주었기 때문에 조선이 지원군을 보내는 것은 누가 생각해도 당연한 일이었습니다. 그러나 광해군은 명나라에 맞서는 후금도 함부로 볼 수 없었습니다. 그래서 명나라에서 독촉을 해도 교묘하게 피하며 지원군을 보내는 것을 미루었습니다.

광해군 10년(1618) 4월, 광해군은 후금의 누르하치가 명나라에게 전쟁을 선포했다는 보고를 받았습니다. 이제 광해군은 명나라와 후금 중에서 한 곳을 선택해야 했습니다.

후금은 명나라에 전쟁을 선포하면서 조선에도 이렇게 알려 왔습니다.

"조선과는 싸울 이유가 없으니 이번 싸움에 상관하지 마라."

그런데 광해군은 이미 명나라에 언제라도 지원군을 보낼 수 있도록 준비하고 있다는 서한을 보내 놓은 상태였습니다.

얼마 후 명나라는 요동 지역의 전투에서 후금에게 패했습니다. 그러자 명나라는 이 사실을 조선에 알리면서 파병을 독촉했습니다. 반면 후금은 다시 '조선은 결코 명나라를 지원하는 일이 있어서는 안 될 것이다.'라는 경고를 보내왔습니다.

광해군은 명나라와 후금 사이에서 고민에 빠졌습니다. 그러나 뚜렷한 답을 낼 수 없었습니다. 그러나 명나라가 계속 후금에게 패하자 광해군은 더 이상 지원군을 보내는 것을 늦출 만한 핑계를 찾을 수 없었습니다. 할 수 없이 광해군은 파병을 결정하게 되었습니다.

처음 명나라가 지원군을 보낼 것을 요청한 것이 광해군 6년(1614)이었으니 파병을 하기까지 4년의 시간이 걸렸습니다.

도원수(전쟁이 났을 때 군대의 모든 업무를 맡아보고 관할하던 최고 관직)에는 강홍립이 임명되었습니다. 광해군은 당파에 연연하지 않은 전문 관료인 강홍립을 깊이 신뢰했습니다.

광해군 10년(1618) 7월에 강홍립은 광해군에게서 비밀 명령을 받은 후 한양을 출발했습니다. 그리고 나서 후금군과 싸움을 벌이기 나흘 전에 조선군 병사가 은밀히 후금 진영으로 들어갔습니다. '조선은 후금에게 아무 적의도 없다. 따라서 이번에 명나라에 지원군을 보낸 것은 과거의 의리 때문일 뿐이다.'라는 조선의 입장을 누르하치에게 전하기 위해서였습니다.

그러자 후금에서는 '우리는 명나라와는 달리 조선에게는 원한이 없다. 그런데도 어찌 조선은 우리와 싸우려고 여기까지 왔는가?'라는 답신을 보내 왔습니다.

전쟁이 치러지는 동안 두 진영 사이에 교섭이 계속 이루어졌습니다. 그 결과 후금은 조선의 사정을 이해하기 시작했습니다. 후금에서는 명나라와의 전쟁에 강홍립이 개입하지 말 것을 요구했습니다.

얼마 뒤 강홍립은 모든 군사를 이끌고 후금에 투항(적군에게 항복하는 것)을 했습니다. 강홍립의 투항 뒤에는 조선군의 안전을 보장하고 포로를 도로 보내 준다는 후금의 약속이 있었습니다.

이 소식을 들은 조정 대신들은 분개했습니다.

"누르하치에게 항복한 강홍립의 가족을 먼저 처벌해야 합니다."

상소도 끊이지 않았습니다. 그러자 광해군은 강홍립이 자신의 명령을 받아 투항했다는 것을 알렸습니다.

광해군은 조선에서 1만 명이 넘는 지원군을 보내게 되면 국경의 방어가 약해진 틈을 타서 누르하치가 공격해 올 수도 있다고 생각했습니다. 그래서 명나라에 지원군을 보내면서 동시에 후금의 공격을 막을 수 있는 방법을 생각하다가 투항을 결정하게 되었습니다.

명나라는 그 후에도 계속 조선에 지원군을 요청했습니다. 그러나 광해군은 조선을 지키기도 어렵다며 명나라의 요구를 거절했습니다. 오히려 조선이 후금의 공격을 받을 경우에는 명나라로부터 지원군을 받아야 한다고 전했습니다.

광해군은 이렇게 명나라와 후금 사이에서 교묘하게 줄타기를 하면서 어느 쪽도 아닌 중립 외교를 폈습니다. 또한 명나라의 멸망이 확실해지자 서서히 명나라와의 관계를 끊고 후금과의 관계를 개선해 나갔습니다. 일본과도 임진왜란 후에 중단되었던 관계를 회복하여 전쟁의 위협에서 벗어났습니다.

이러한 노력으로 광해군이 왕위에 있던 15년 동안은 한 차례의 전쟁도 없이 평화로운 시기를 보낼 수 있었습니다. 따라서 임진왜란으로 혼란에 빠진 나라를 안정시킬 수 있었습니다.

이렇게 광해군은 재위 15년 동안, 밖으로는 국경 방어를 철저히 했으며 명나라와 후금에 대한 탁월한 외교 정책으로 전쟁의 위기를 잘 넘겼습니다.

또한 전쟁 동안에 불타버린 책들을 다시 발행하도록 하여 《신증동국여지승람》, 《용비어천가》, 《동국신속삼강행실》 등을 다시 발행했습니다. 또 적상산성에 사고(역사에 관한 기록이나 중요한 책을 보관하던 나라의 창고)를 설치하고, 임진왜란 때 불타버린 인경궁, 자수궁, 경덕궁을 고치기도 했습니다. 또한 당파에 상관없이 인재를 골고루 등용하려고 애썼습니다.

당쟁의 소용돌이에 휘말리다

선조의 계비(왕비가 죽거나 폐위당한 후 자리에 오른 왕비) 인목 왕후에게서 영창 대군이 태어났습니다. 그러자 영창 대군을 왕의 자리에 올리려는 소북과 광해군을 왕의 자리에 올리려는 대북 사이에 당쟁이 일어났습니다. 그러다가 1608년 선조가 세상을 떠나자 광해군이 왕위에 올랐습니다.

어렵게 왕위에 오른 광해군은 왕권에 계속 위협을 받았습니다. 서자로서 왕위에 올랐다는 것을 계속 문제삼았고, 형인 임해군은 세자 책봉이 안 된 이후로 줄곧 광해군을 헐뜯었습니다. 임해군은 광해군이 왕위에 오른 뒤에도 이런 행동을 계속했고, 성격이 난폭하여 일반 백성들에게도 자주 피해를 입혔습니다. 할 수 없이 광해군은 대북파의 힘을 얻어 임해군을 유배하여 죽였습니다.

영창 대군과 그를 지지하는 소북파도 광해군을 위협하는 세력이었습니다.

그런데 광해군 5년(1613)에 '칠서의 옥' 사건이 일어났습니다. 불운한 처지를 한탄하며 함께 어울리던 서자 7명이 자신들도 과거를 볼 수 있게 해 달라며 상소를 올렸습니다. 그런데 주장이 받아들여지지 않자 범죄를 저질러 감옥에 갇히게 되었습니다. 대북파의 이이첨은 이들에게 영창 대군을 왕으로 모시기 위해 일을 저질렀다는 거짓말을 하도록 했습니다.

광해군은 이 '칠서의 옥' 사건으로 영창 대군을 강화에 유배했다가 이듬해 죽였습니다. 그리고 계모인 인목 대비도 서궁에 갇혀 나오지 못했습니다.

대북파는 왕권에 위협이 되는 능창군까지 없앴습니다. 능창군은 후에 인조반정(이귀, 김류 등 서인 일파가 광해군과 집권파인 대북파를 몰아내고, 능양군인 인조를 즉위시킨 정변)을 통해 왕이 된 능양군의 동생입니다.

이렇게 하여 대북파의 이이첨, 정인홍은 왕권에 위협이 되는 세력을 거의 없애고 세력을 독차지하게 되었습니다.

그러나 광해군은 인조반정으로 패륜(인간의 도리를 무너뜨리는 것)이란 오명을 쓰고 왕위에서 물러나게 되었습니다. 광해군의 중립 외교에 대해서도 부모의 나라로 받들던 명나라에게 등을 돌리는 것은 유교 윤리에 어긋난다고 했습니다.

광해군은 폐위되어 강화도로 유배되었다가 다시 제주도로 유배지를 옮겼습니다. 광해군은 제주도에서 67세로 쓸쓸히 생을 마감했습니다.

반정이란 잘못된 것을 옳은 것으로 되돌린다는 의미입니다. 인조반정을 일으킨 세력은 반정을 정당화하기 위해 광해군을 폭군으로 왜곡시켰습니다. 그 한 예로 광해군의 눈이 눈병 때문에 충혈된 것을 실록에는 '성질이 광폭해서 눈이 붉어졌다.'라고 기록했을 정도였습니다.

하지만 오늘날 광해군의 정치에 대해서는 새로운 평가가 내려졌습니다.

허준, 《동의보감》을 완성하다

《동의보감》이 오늘날까지 전해지게 된 것은 《동의보감》을 지은 허준과 광해군이 있었기에 가능했습니다.

《동의보감》은 조선 시대의 의학 지식을 모두 정리한 책으로 총 25권입니다. 조선은 물론 중국의 의학 지식까지 모두 정리해 놓았습니다.

허준은 29세에 의과에 급제한 뒤 내의원(조선 시대에 궁중 안에 있었던 병원 역할을 하던 관청)이 되어 선조의 어의가 되었습니다. 선조는 허준을 매우 총애하여 어의의 신분임에도 당상

관의 자리에 올려 주었습니다.

선조는 선조 29년(1596)에 내의원에 편찬국을 설치하여 허준, 양예수, 이명원, 정작, 김응탁, 정예남 등을 시켜 한나라 때의 의학 책을 기초로 하여 《동의보감》을 만들게 했습니다.

그러나 선조가 죽자 대신들은 허준에게 어의로서 약을 알맞게 쓰지 못했다 하여 책임을 물었습니다. 광해군은 허준을 극형에 처해야 한다는 대신들의 의견이 그치지 않자 할 수 없이 허준을 귀양 보냈습니다. 그러나 허준은 유배를 가서도 《동의보감》을 완성하기 위해 노력했습니다.

광해군은 탄핵이 가라앉기를 기다렸다가 1년 뒤에 허준을 풀어 주었습니다. 그래서 다시 1년 뒤인 광해군 2년(1610)에 25권의 원고가 완성되었고, 광해군 5년(1613)에 내의원에서 《동의보감》이 발행되었습니다.

《동의보감》은 건강하기 위해서는 정신 수양과 함께 섭생(음식을 섭취할 때 마음가짐, 행동을 조심하여 생활하는 것)에 주의해야 한다

고 했습니다. 약을 먹고 치료하는 것은 그 다음에 할 일이라고 가르쳤습니다. 또 우리 나라에서 나는 약재를 권장했습니다.

탕액편에서는 약재의 속명(본명이나 학명 대신에 사람들이 흔히 부르는 이름)을 한글로 적어서 읽고 적용하기에 편하도록 했습니다.

허준이 《동의보감》을 완성했을 때 조선은 임진왜란이 끝난 직후라 각종 질병과 전염병이 유행하고 있었습니다. 그래서 《동의보감》은 더 소중하게 이용되었습니다. 만일 광해군이 대신들의 말대로 허준을 극형에 처했다면, 《동의보감》은 세상에 나오지 못했을 것입니다. 그래서 《동의보감》이 세상에 나올 수 있었던 데는 끝까지 허준을 지켜 준 광해군의 공로가 컸다고 할 수 있습니다.

역사 옹달샘

《어린이 조선왕조실록》 3권을 잘 읽었나요?
'역사 옹달샘'에서는 '조선 시대의 유적'과
관련된 여러 가지 이야기를 살펴보기로 해요.

- 성곽과 성문
- 경복궁
- 창덕궁
- 종묘
- 수원 화성
- 청계천

성곽과 성문

조선 건국 초에 태조는 수도인 한양을 지키기 위하여 성곽을 쌓도록 했습니다. 성곽은 1396년부터 짓기 시작해서 10만여 명의 백성들의 피와 땀으로 완성되었습니다.
성곽은 돌과 흙으로 쌓았으며, 성문은 성의 안과 밖을 연결해 주고 전쟁이 일어나면 적의 공격을 막거나 공격할 수 있는 통로였습니다. 그래서 성문은 통행이 편리한 곳에 지었으며 사람들이 드나들기 쉽도록 지었습니다.

4대문과 4소문

성문은 성곽의 문으로 서울에는 4대문과 4소문이 있었습니다. 4대문은 동쪽의 흥인지문, 서쪽의 돈의문, 남쪽의 숭례문, 북쪽의 숙정문을 말합니다. 4소문은 동북쪽의 홍화문, 동남쪽의 광희문, 서북쪽의 창의문, 서남쪽의 소덕문을 말합니다.

흥인지문에는 성문을 이중으로 보호하기 위해서 성문 밖에 쌓는 작은 성인 옹성을 쌓았고, 북쪽의 대문인 숙정문은 비밀 통로로 이용되었기 때문에 문루(성문 위에 지은 다락집)를 세우지 않았습니다. 새벽 4시에 종이 33번 울리면 동시에 문을 열었다가 저녁 10시에 종이 28번 울리면 닫았습니다. 그러나 숙정문만은 평상시에 닫아 두었습니다.

■ 돈의문(서대문)

■ 소덕문(서소문)

■ **흥인지문**(동대문)

■ **숭례문**(남대문)

무너진 곳을 다시 쌓다

성곽은 무너지면 다시 쌓았는데, 성벽의 바깥 쪽에는 쌓은 사람의 이름이 새겨져 있었습니다. 이것은 쌓은 사람이 성곽에 대한 책임이 있다는 의미였습니다. 세종 4년(1422)에는 성곽을 고치는 큰 공사가 있었습니다. 흙으로 쌓은 부분을 모두 돌로 다시 쌓고 공격과 방어 시설을 늘렸습니다. 숙종 30년(1704)에는 새로운 기술을 이용해 돌을 정사각형으로 만들어 벽면을 수직으로 쌓았습니다. 이처럼 성곽은 여러 번 다시 쌓았으나, 쌓은 방법과 돌의 모양이 시기별로 달라 쌓은 시기를 구분할 수 있었습니다.

근대화 이후의 성곽

전차가 다니게 되자 성곽을 헐게 되었고, 이후 성문을 열고 닫는 일도 하지 않았습니다. 그리고 일본에게 나라를 빼앗겼을 때 도시 계획이라는 구실로 다시 성곽이 헐렸고, 광복 후 한국 전쟁이 일어나 남아 있던 성곽마저 파괴되었습니다. 현재 삼청동, 장충동 일대에 옛날 성곽의 일부가 남아 있으며 최근에 일부를 다시 쌓은 곳도 있습니다.

경복궁

경복궁은 조선이 처음 세워질 때 태조가 지은 궁궐로 조선 왕조의 정궁입니다.
임진왜란 때 불타기 전까지 왕들이 사용하던 궁궐이었습니다.
불에 탄 이후에는 흥선 대원군이 다시 지어서 아들 고종을 살게 했습니다.

① 근정전

근정전

　근정전은 조회와 국가 행사를 치르던 곳으로 왕의 권위를 보이기 위해 사각의 넓은 이중 기단 위에 세워졌고, 청기와로 되어 있습니다.

② 강녕전

강녕전과 교태전

　강녕전은 왕의 침전이고, 교태전은 왕비가 거처하던 내전입니다. 내전 주변에는 매우 아름다운 후원이 있었습니다. 강녕전과 교태전은 용마루를 두지 않았습니다.

③ 교태전

경회루

　경회루는 외국의 사신이 왔거나 경사스런 일이 있을 때 연회를 베풀던 곳입니다.
　2층으로 되어 있는데, 1층은 벽돌 바닥이고, 2층은 마룻바닥입니다. 신분이 낮은 사람은 낮은 곳에, 높은 사람은 높은 곳에 앉았습니다.

④ 경회루

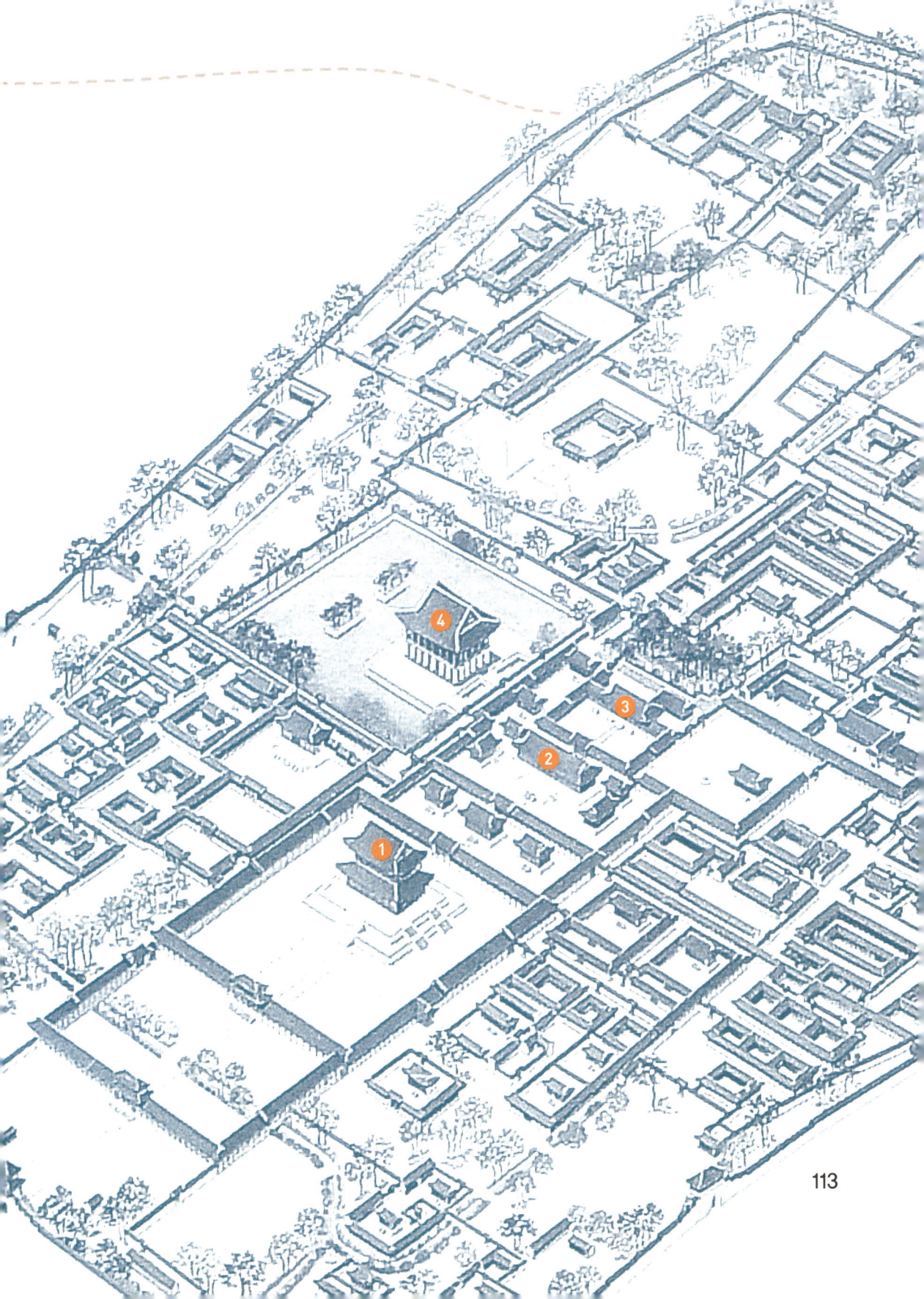

창덕궁

창덕궁은 태조가 세운 경복궁과 함께 조선의 대표적인 궁궐입니다.
조선이 건국된 초기에는 경복궁을 왕의 궁궐로 이용했지만, 임진왜란으로 경복궁이 불타 버리자 광해군부터 고종 초까지 13대에 걸쳐 왕이 정사를 보던 궁궐로 이용했습니다.

창덕궁은 조선의 3대 왕인 태종 때 지어졌습니다. 왕이 휴식을 위해 만든 별궁으로 경복궁의 동쪽에 있다고 해서 동궐로 불렸습니다. 창덕궁은 조선 왕조가 전쟁과 국내 정치 문제 등으로 고통을 당할 때 함께 괴로움을 겪었던 궁궐입니다. 임진왜란 때 창덕궁의 대부분이 불에 타 없어져서 광해군 때 손상된 부분을 복구시켰지만, 인조반정 때 다시 많은 부분이 불에 타 없어지고 여러 차례 불도 났습니다. 그러나 이러한 재난을 겪으면서도 창덕궁의 건물들은 잘 보존되어 1997년에 세계문화유산으로 등록되었습니다.

① **돈화문** : 창덕궁의 정문으로, 임진왜란 때 경복궁과 함께 불에 타 없어졌다가 선조 때 복구되었다.
② **금천교** : 명당수 위에 놓여진 돌다리로 돈화문에서 궁궐로 들어가기 위해서는 금천교를 건너야 한다.
③ **인정전** : 왕의 즉위식이나 사신의 접견 등 중요한 국가 행사를 치를 때 이용하던 곳이다.
④ **신정전** : 왕과 신하들이 만나 국가의 정사를 의논하던 곳이다.
⑤ **희정당** : 왕의 거처로 사용하며 평소에 정사를 보던 곳이다.
⑥ **대조전** : 왕비의 침소로 사용하던 곳이다. 다른 건물들과 달리 용마루가 없는 것이 특징이다.
⑦ **내의원** : 의원들이 왕과 왕족의 질병을 치료하기 위해 머물던 일종의 궁중 의료 기관이다.
⑧ **주합루** : 아래층에 책을 보관하는 규장각이 있었고, 책을 만들고 학문을 연구하는 곳이다.

종묘

어떤 곳인가요?

종묘는 한양에 궁궐을 지을 때 가장 먼저 세운 건물로 조선 왕조 역대 왕들의 신주(죽은 사람의 직위를 적은 나무로 된 상징물)를 모신 곳입니다. 종묘의 정전에는 조선을 세운 태조를 비롯하여 열아홉 왕의 신주가 있고, 영녕전에는 정전에 모시지 못한 왕의 신주가 있습니다. 연산군과 광해군은 폐위되었기 때문에 신주를 모시지 않았습니다.

어떤 구조로 되어 있나요?

정전은 모두 19칸의 긴 구조로 되어 있습니다. 19칸은 한 칸씩 문이 있고, 각 문 안의 감실에 왕과 왕비의 신주가 모셔 있습니다. 엄숙하고 단정한 분위기를 위해 단청도 칠하지 않았습니다. 정전 앞뜰은 검은 돌을 깔아 놓았는데, 왕의 혼령이 다니는 신성한 길이라고 하여 함부로 밟지 않았습니다.

담으로 둘러싸인 정전의 안뜰에는 나무나 화초를 심지 않았습니다. 대신 정전 바깥에는 나무를 울창하게 심어 하늘이 보이지 않게 했는데, 이렇게 한 이유는 신위가 모셔진 정전에서만 하늘을 통하게 하여 하늘이 내린 기운을 받게 하려는 의도였습니다.

■ 종묘 정전

종묘는 1995년에 세계문화유산으로 등록되었습니다.

수원 화성

수원 화성을 왜 세웠나요?

정조 20년(1796) 9월에 완공한 수원 화성은 아름다운 성곽입니다. 조선 역대 왕 가운데 가장 효심이 깊었다는 정조가 아버지 사도 세자의 능을 조선 최고의 명당인 수원 화산으로 옮기면서 수원을 성으로 둘러쌌습니다. 그러니까 정조의 효심이 수원 화성을 만든 동기가 된 것입니다.

그리고 정조는 말년에 왕위를 아들에게 물려주고, 어머니 혜경궁 홍씨와 화성으로 이주하여 한양 이외의 새로운 계획 도시를 만들 예정이었습니다. 그것은 정조가 늘 꿈꾸던 강력한 왕권 국가가 되는 길이기도 했습니다.

누가 설계했나요?

수원 화성은 다산 정약용이 설계하고, 채제공이 공사를 지휘했습니다. 그 당시 최고의 학자인 정약용의 지식과 기술로 지어진 수원 화성은 돌과 벽돌을 함께 사용한 성곽, 거중기를 이용한 과학적인 축조, 규격화된 건축 재료, 적의 공격을 효과적으로 막고 적을 공격할 수 있는 최신 구조 등 다른 성곽에서 볼 수 없는 역사적 가치가 큰 성입니다. 수원 화성은 1997년에 세계문화유산으로 등록되었습니다.

■ 수원 화성

청계천

한양의 중심 하천인 청계천은 아낙네들에게는 좋은 빨래터였고, 어린이들에게는 훌륭한 놀이터였습니다. 동시에 청계천은 한양의 하수도이기도 했습니다. 그러나 청계천은 사람들이 더러운 물이나 물건들을 마구 버려 더럽고 냄새가 심했습니다. 또 홍수가 나면 물이 넘쳐 주변 마을들을 덮치기 일쑤였습니다. 그래서 각 시대마다 청계천의 문제점을 해결하기 위한 대책이 마련되었습니다.

■ 수표교

태종 | 청계천의 바닥을 파고 주변에 언덕을 쌓다

최초로 청계천의 문제를 해결하고자 했던 왕은 태종입니다. 청계천을 메워 버리자는 의견도 있었지만, 태종은 두 차례에 걸쳐 청계천 공사를 지시하여 청계천의 바닥을 파고 주변에 언덕을 쌓았습니다. 그러나 청계천의 오염과 홍수는 해결되지 못했습니다.

■ 장통교

세종 | 두 가지로 대책이 나뉘다

세종 때에는 청계천에 대한 대책이 두 가지로 나뉘었습니다. 당시 영의정이었던 황희는 백성들에게 더럽고 냄새나는 것들을 버리지 못하게 해 청계천을 깨끗하게 만들어야 한다고 주장했습니다. 반면에 집현전의 교리였던 어효첨은 도읍지에는 사람들이 많이 살기 때문에 청계천이 오염되는 것은 당연한 것이고, 청계천을 더욱 넓혀 더러운 것들을 모두 흘려보내야 서울을 깨끗하게 할 수 있다고 주장했습니다.

■ 청계천변의 목조 가옥

■ 청계천 복개 공사

영조 | 대규모 청계천 공사를 실시하다

청계천에 대한 가장 확실한 대책을 마련했던 왕은 영조였습니다. 영조는 대대적으로 청계천 공사를 실시했습니다. 청계천 공사에 21만여 명을 동원하고, 공사비만도 3만 5000냥에 쌀 2300석을 사용했습니다. 영조는 청계천을 깊고 넓게 판 다음, 하천 옆에 돌로 높은 벽을 쌓도록 했습니다. 이렇게 하여 오염이 심하던 청계천이 깨끗하게 정리되었습니다. 그런데 이 공사에 동원된 인원 중 6만여 명이 품삯을 받고 일을 했습니다. 영조 때 청계천 공사는 빈민구제의 목적도 있었던 것입니다. 순조와 고종 시대에도 청계천 공사는 계속되었습니다.

■ **어전준천제명첩**
1760년, 청계천 준설 공사를 기념하며 무사들의 무예 실력을 시험하는 행사가 열렸다. 강가에는 공사 작업을 하고 있는 사람과 소들이 보이고, 다리 위에는 직접 행차해 지켜보고 있는 영조가 보인다.

근대 이후 | 청계천이 복구되다

일제 강점기에 청계천 주변으로 가난한 사람들이 모여들면서 오염이 심각해지자 일본은 간편하게 청계천을 막아버렸습니다. 그러다가 광복 후 서울의 교통 문제 때문에 1958년에 청계천에 덮개 구조물을 씌워 보이지 않게 했습니다. 다행히 지금은 청계천이 복구되어 서울 한복판을 흐르는 맑은 물을 볼 수 있습니다.

어린이 조선왕조실록 3

1판 1쇄 인쇄 | 2006. 12. 26.
1판 17쇄 발행 | 2022. 6. 1.

어린이 조선왕조실록 편찬위원회 글 | 전병준 그림 | 한국역사연구회 추천 및 감수

발행처 김영사 | 발행인 고세규
등록번호 제 406-2003-036호
등록일자 1979. 5. 17.
주소 경기도 파주시 문발로 197(우-10881)
전화 마케팅부 031-955-3100 편집부 031-955-3113~20
팩스 031-955-3111

ⓒ 2006 김영사
이 책의 저작권은 김영사에게 있습니다.
서면에 의한 김영사의 허락 없이 내용의 일부를 인용하거나 발췌하는 것을 금합니다.

값은 표지에 있습니다.
ISBN 978-89-349-2284-1 74900

좋은 독자가 좋은 책을 만듭니다.
김영사는 독자 여러분의 의견에 항상 귀 기울이고 있습니다.
전자우편 book@gimmyoung.com | 홈페이지 www.gimmyoungjr.com

어린이제품 안전특별법에 의한 표시사항

제품명 도서 제조년월일 2022년 6월 1일 제조사명 김영사 주소 10881 경기도 파주시 문발로 197
전화번호 031-955-3100 제조국명 대한민국 ⚠주의 책 모서리에 찍히거나 책장에 베이지 않게 조심하세요.